英语写作教学理论与实践研究

陆春霞　著

北京工业大学出版社

图书在版编目（CIP）数据

英语写作教学理论与实践研究 / 陆春霞著．— 北京：北京工业大学出版社，2019.11（2021.5 重印）
ISBN 978-7-5639-6900-5

Ⅰ．①英… Ⅱ．①陆… Ⅲ．①英语—写作—教学研究 Ⅳ．①H315

中国版本图书馆 CIP 数据核字（2019）第 145873 号

英语写作教学理论与实践研究

著　　者：陆春霞
责任编辑：张　娇
封面设计：点墨轩阁
出版发行：北京工业大学出版社
（北京市朝阳区平乐园 100 号　邮编：100124）
010-67391722（传真）　bgdcbs@sina.com
经销单位：全国各地新华书店
承印单位：三河市明华印务有限公司
开　　本：710 毫米 ×1000 毫米　1/16
印　　张：10.75
字　　数：215 千字
版　　次：2019 年 11 月第 1 版
印　　次：2021 年 5 月第 2 次印刷
标准书号：ISBN 978-7-5639-6900-5
定　　价：45.00 元

前　言

进入 21 世纪，随着经济全球化的不断加快与深入，我国与世界各国在各领域的联系也日益频繁而密切。英语作为一种世界性的通用语言，其教学越来越受到重视。中国拥有世界上数量最多的英语学习者，英语教学与研究者的队伍也是世界上最庞大的。英语写作作为书面语言的重要输出形式之一，能够有效地激发学习者对语言知识的运用、检验与反思，从而达到知识的内化。其中，写作能力作为一种重要的沟通技能，已经成为各领域评价英语人才的重要标准之一。英语写作教学一直是我国英语教学领域的重点。英语教师普遍感到英语写作是学生学习中的薄弱环节，提高学生英语写作水平的教学效果也总是不尽如人意。学生在英语写作中会出现很多问题，例如，在阐述篇章主题时，要么无从下手，理据散乱而单薄；要么洋洋洒洒，却缺乏根基，不知所云；段落发展时，或失去逻辑，或偏离中心，或一盘散沙；句子表达也往往为母语所约束，流于形式，败于意义。如何有效提高学生的书面语言表达水平，如何增强学生的谋篇布局能力，已成为英语教学工作者亟待解决的问题。长期以来，国内的英语教学者多是参照国外的二语写作教学理论，模仿其教学方法，故而出现水土不服、收效不大等状况也就在所难免。

将国际教学理念、教学经验与国内教学实践无缝衔接正是本书的特点。笔者在大量调查研究的基础上，针对目前我国很多英语教师熟悉写作教学理论，但缺乏相关理论指导下的具体教学实践案例、写作教学课堂设计等知识与经验的分类、整理和归纳的状况，首先在深入分析多种教学理论后研究了其在英语写作教学中的具体应用，然后在系统整理多位专家及自身多年一线英语写作教学经验的基础上，结合大量教学案例，分门别类地介绍了影响英语写作教学的因素、教学方法、教学技巧、实施策略等实践经验，实现了理论与实践的有机结合，突出实操性、科学性、系统性与丰富性是本书的写作原则和特色。

本书共六章，约20万字，在第一章中对英语写作教学的现状、目标、原则以及理论基础进行了阐述；在第二章中对影响英语写作的因素进行了分析，分别从母语与英语水平对英语写作的影响以及思维能力与写作动机对英语写作的影响这两个方面进行了分析；在第三章中介绍了三种英语写作教学的方法，分别为结果教学法、过程教学法以及体裁教学法，并对各种教学方法的比较与结合进行了分析；在第四章中对英语写作教学的对策进行了阐述；在第五章中对英语写作教学与思辨能力的培养进行了分析；在第六章中对网络环境下英语写作资源的运用进行了介绍。

本书由盐城师范学院陆春霞撰写。作者在写作本书过程中参考了大量英语写作的相关文献，并引用了诸多学者专家的观点与研究成果，在此表示衷心的感谢。由于作者水平有限，书中难免存在不妥与疏漏之处，恳请广大读者批评指教。

陆春霞

2019年4月

目　录

第一章 绪 论

由于当今社会全球经济一体化的发展和不断深入，国家与国家之间的贸易往来和商务交流也变得更加频繁，英语便成了必不可少的交流工具。英语是世界第一大交际语言，在全球经济、文化以及教育等领域的交流与合作中，都起着非常重要的作用。英语作为一种交际工具广泛地应用于社会经济、科技、文化和日常生活的各个方面。英语写作是外语教学中强调的一个核心技能，并且越来越受重视，但同时英语写作也是英语教学中的薄弱环节。

第一节 英语写作教学的现状

一、英语写作教学整体存在的问题

（一）应试倾向明显

在我国传统的教育理念中，相对于学生英语应用能力的培养而言，更加重视对学生英语语言知识的教学。写作属于英语的输出技能，可以看作学生能否熟练掌握英语能力的重要表现。

在我国应试教育的背景下，对学生的教学、考核都有着严重的应试倾向。在对学生的英语水平进行考核时，试卷中英语写作的分数显然要比阅读和词汇拼写的分数低很多。此外，虽然目前大部分英语测试都有作文写作测试，但这些作文大多是命题作文，大部分采用单一归纳结构，这不仅不利于学生克服母语文化思维的负面影响，也阻碍了学生自觉运用衔接手段能力的培养。

（二）教学改革滞后

目前，虽然我国在不断对英语教学进行改革，但是就总体而言，英语写作教学仍然处于一种落后的状态。有很多教师对英语写作缺乏足够的理解，导致在实际的教学过程中并没有将写作教学与阅读教学、口语教学等形式的教学有机地联系起来。在写作教学中，对学生灌输了“只是为了写作而写作”的错误思想，这背离了写作教学的真正目的，也使写作教学失去了其内在价值和意义。

（三）教学课时有限

首先，我国很多学校都没有设置专门的写作课程。其次，在开设写作课程的学校中，由于受到课时的限制，在教师每个单元的课文讲解、听力理解和阅读理解的教学任务完成后，几乎没有剩余的课时，因此没有足够的时间进行写作教学。再加上很多教师受传统应试教育倾向的影响，只注重英语词汇、语法等基础知识，而忽略了写作的重要性，这些都将会使英语写作变成可有可无的教学内容。对学生来说，他们也把大部分精力都放在背单词、做练习上。写作能力的提高是一个长期训练的过程，由于缺乏课时和学习时间的保证，写作与英语教学脱节，从而导致写作教学的效果得不到提高。

（四）教学缺乏系统性

目前，我国写作教学过程从整体上缺乏系统性，这也是影响写作教学效果的重要原因之一。教学缺乏系统性主要表现在以下三个方面。

1. 缺乏科学性的教学计划

针对大纲规定的教学任务，教师没有制订科学的教学计划，使得教学目标的实现没有可靠的保证。

2. 缺乏系统的教材

目前，我国的英语教材大多是集语音、词汇、语法、听、说、读、写、译于一体的综合教材，针对写作的专门性教材少之又少。在英语教学的过程中，即使每个单元都会有写作相关的练习题，但也缺乏系统性，这对于写作教学而言是十分不利的。此外，由于受到课时的影响，很多教师经常用布置作业来代替写作教学，这不仅大大影响了教学效果，甚至会使部分学生对写作学习失去兴趣。

3. 缺乏系统的练习

要想写好文章，学生必须做大量系统练习来掌握写作的基本方法和技巧，这样写起来才能得心应手。而由于我国英语课时有限，学生很难得到有效的系统训练。

（五）教学方法缺乏创新

受传统教学理念的影响，很多教师在教学的过程中只注重词汇和语法知识的教学，而忽略了分析文本内容和结构的重要性。这种强调语言知识，而忽视言语和表达技能训练的知识教学模式，从表面来看，似乎使学生学习到了很多知识，但这种教学模式并不利于学生英语综合水平的提高。因此，当学生开始进行写作的时候，会感觉没有什么可说或可写的。即使他们写了一篇文章，这篇文章也是空的，没有条理的，仅仅是用一些学会的单词堆砌而成的。

此外，如果一直使用注重结果的教学模式，教师在写作教学中的作用仅限于评分和判断，会缺乏对学生写作过程的指导和关注。这种以结果为导向的教学模式也导致师生之间严重缺乏沟通和互动，忽视了对学生写作兴趣的激发和培养。随着时间的推移，学生们逐渐失去了学习写作的动力和兴趣，也就无法达到提高写作教学的目的。

二、学生英语写作存在的问题

（一）阅读量过少

学生在进行英语写作时，感到吃力的原因大体有三点：无情可发、无事可写、无话可说。正是因为学生的阅读量少、语言积累不过关，所以才会导致这些问题的形成。

1. 无情可发

“无情可发”并非学生缺乏情感，而是找不到正确表达情感的词汇，没有得到恰切的疏导，结果导致文章空洞、没有感情。学生不知如何用英语表达自己的情感，久而久之便不可能再写出好文章了。

2. 无事可写

“无事可写”并不是指学生的生活中没有事情可写，而是无法用准确的语言来进行描述。由于文化和英汉二语的差异性，很多学生虽然熟练地掌阅了单词的拼写，但在写作时仍然会感觉吃力，无法用已学会的单词来组成一篇生动的文章。

3. 无话可说

“无话可说”的根本原因是以上两点的结合，学生书面表达能力的缺失也会导致在写作的过程中无话可说。学生的语言表达能力跟不上，相关词语积累得少，是很难在写作的时候下笔成文的。

（二）套用作文结构严重

在大部分的英语考试中，写作测试都放在最后，占有一定的比重，且要花费一定的时间。因此，为了应付考试中的写作测试，节省考试时间，很多学生就会买一些有典型范文的参考书，包括各种英语作文的写作提纲，他们会根据书中的大纲逻辑来进行写作。这种参考书虽然具有一定的优点，例如，能够使学生通过连词有意识地反映文章的结构，但是它也有很大的缺点，容易导致学生机械地应用写作提纲和误用连词，不利于学生灵活地组织文章的段落和章节，会使学生写出的文章非常的僵硬、死板。

（三）文章缺失内容细节

在进行语言学习时，不仅仅涉及语言本身，同时还涉及更广阔的知识面。如果学生缺乏综合性的知识，并且还缺乏实际生活需要的语料，他的作文就会显得不丰满，质量也不高。我们知道，写作不仅仅是对语言知识运用的过程，它还需要平日生活经验的积累。学生有了丰富的生活经验，写出来的作文才能够生动。但是很多学生由于知识面过于狭窄，甚至缺乏一些生活常识，导致写出来的作文看起来内容空洞、缺少细节。

每个学生在儿童时期都有丰富的想象力，可这种想象力却被“一刀切”般地扼杀在教育中。如何启迪学生的哲思，让学生从生活的点点滴滴联系到更广大的世界，是教师所要思考的一个问题。值得一提的是，这种联想的智慧，必须来自学生自身的热情，否则又会成为一种束缚学生的定例。因此，教师在平时的写作训练中要注意拓宽学生的知识面，学生在课外时间也要多涉猎一些知识，这样才有可能写出内容丰富、生动的文章。

三、教师英语写作教学存在的问题

当前教师在写作教学中存在的最大问题就是教学的程式性过强。由这种程式性所带来的死板和僵硬主要表现在如下几个方面。

（一）批阅方式不当

学生的习作总会存在各种各样的问题，因此教师对学生的文章进行科学、合理的批阅，对于学生及时发现并改正自己写作过程中存在的问题是十分重要的。事实上，缺乏科学且系统的作文批改方式也是影响英语写作教学效果的重要原因。

通常情况下，学生在提交了作文之后，教师会更加注重纠正拼写、词汇、语法等句子层面的错误，往往容易忽视学生在整个写作过程中思维能力的培养，甚至有些教师会通过让学生课后抄写和背诵范文的方式来训练学生的写作能力，不给学生独立写作的机会。这些批改方式不仅不会提高学生的英语水平，反而还会使学生产生消极应对的心理，对自己作文中的错误不能及时改正和理解，造成老师反复改，学生反复错的恶性循环。

（二）重形式，轻质量

由于受到传统教育理念的影响，有许多人认为语言形式的作用对写作是十分重要的，所以教师在英语写作教学的过程中，会过多地强调文章的结构和文句的规范性，而忽视文章的思想和内容。在这种意识形态的影响下，很多教师经常会让学生模仿一些文章的语言形式和结构，以便学生能够快速写出符合要求的英语文章。从长远来看，教师和学生把语言形式作为英语写作教学的重点，使写作成为一种模仿而不是创造性的活动，这样的写作教学很容易流于形式，教学质量也无法得到提高。

（三）写作命题与时间的问题

教师的写作命题要注意调动学生的写作积极性。统一命题作文会使教师批改起来相对容易，但是这种命题作文往往让很多学生觉得无从下笔。因为，这个题目可能是学生不熟悉、不了解的，甚至与他现有的生活知识无关。

这种情况之下，教师一定要学生写出像样的文章恐怕很难。况且有的时候教师对写作的规定往往基于一种理想状态：学生可以在一堂课的时间内按照教师规定的题目写出极佳的文章。殊不知，这种理想状态造成了学生对腹中早已干瘪了的词语反复排列、组合，低水平的重复难以促成写作水平的提升，反而愈发加重了学生对写作的抵触情绪。

（四）大学英语写作课时设计问题

英语教学虽然在我国的课程体系中占据着重要的地位，但是在大多数学校中，英语只是被单纯地定义为一门课程，很少有学校为其开设专门的英语阅读课、英语写作课等。而在普通英语教学的课堂上，留给英语写作教学的时间则少之又少。

四、对当前英语写作教学的改进建议

（一）激发学生兴趣

德国教育家第斯多惠说过，教学艺术的本质不在于传授，而在于激发、唤醒和鼓舞。正所谓“知之者不如好之者，好之者不如乐之者”。与其生硬地推动学生向前走，不如唤起学生兴趣。兴趣是最大的内驱力，唤起兴趣要遵循如下两个原则。

1. 作文训练要循序渐进，由易到难

先让学生把一件简单的事情说清楚，正所谓“贪多嚼不烂”。如果连一个简单的段落都无法写好，怎么能写出一篇精彩的文章。教师要从小处着眼，从段落着手，接下来再扩展到全篇的写作。对于基础差的学生，教师要鼓励他们进行模仿，并在适当的时机加以引导。

2. 培养学生的自信心

人都有自我实现的需求，教师应努力去发掘学生作品中每一处细微的优点，并给予表扬，哪怕是一句话、一个词，长期坚持，学生的自信心就会得到提升。教师要用权威的点评、热切的希望来温暖学生的心灵，真正地为孩子的成功与进步奉献出自己最真诚的赞美。

（二）强化阅读

强化阅读主要有以下两种方法。

1. 重视课内阅读

要从课文中寻找训练的切入点，让课内练笔成为一种常态化的行为。

2. 拓展课外阅读

只有储备的单词、语句足够多，学生才能够灵活地运用这些词句写出好的文章来，因此教师要督促学生进行课外阅读。

（三）培育思维

联合国教科文组织的报告中曾经提到过：“教育的基本作用，在于保证人人享有为充分发挥自己才能和掌握自己命运而需要的思想、判断、感情和想象方面的自由。”人既有内部语言，即思维；又有外部语言，即人们写出来的字或说出来的话。内部语言决定外部语言，有了缜密的思维，才能有畅快的写作。

现在学生写作流行一些套路，就像有些学生在写英语作文时，基本句式是固定的，到时候根据题目，一改关键词就成了。这种模式化的写作方式将鲜活灵动的作文八股化了，将学生的思维牢牢束缚住了。英语教学担当着培育学生思维的重任，而写作教学又是训练学生思维很好的平台。所以，身为教师，一定要解放学生的思想，不要给他们太多的限制，这样才能让他们言由心生，说自己真正想说的话。

（四）重视评价，尊重学生

教师在评价学生的作文之前，一定要有这样的意识：一页单薄的纸上闪现的文字，不仅是文字本身，这背后是一颗颗细腻活泼的心灵，教师一定要把批阅作文的过程当作与学生进行隐性对话和灵魂交流的过程。有些学生的英语水平较差，写出来的文章可能逻辑不通，教师们应该给予及时而合理的纠正，应对孩子的文字持有一份真诚的尊重，积极地去引导学生，使学生对英语写作学习产生兴趣。

（五）教师示范

一个教师是不可能把自己没有的东西教给他的学生的。教师自己会不会写作，对于学生的指导绝对是两种境界，一种是隔靴搔痒，一种是对症下药。所以，教师都应该有给学生写范文的意识和能力，不要什么都从网上去下载。但是这里需要注意的是，教师的范文要符合学生的写作要求，具有示范性、针对性和深度。但这也并不是说教师给学生布置的每一篇文章，教师都要去写，但是教师一定要具备写范文的能力，如果需要的话能写出来。

（六）改革作文的评改方式

随着时代的发展，传统的英语作文评改模式已经不适合现代英语写作教学，多元互动式的作文评改模式成为主流。

1. 集体批改

每次写作结束之后，教师都可以从班级中选取有代表性的学生习作，在全班公开讲评批改。被选出来的作文一定要具有代表性，既不是特别好的范文，又不是问题较多的文章。选择出来的文章应该有比较突出的优点，供全班同学学习，也应该有大家普遍存在的问题，让其他同学引以为戒。集体批改的作文每次可以进行的篇目比较少，但是可以做到精批细改，使全班同学都可以发表看法，各抒已见。教师要在批改之前和被批改的学生做好沟通，经得作者的同意，以免触犯学生的隐私和造成不必要的尴尬。

2. 小组批改

这种方式一次性批改的作文量会比较大，学生之间可以讨论和对作文发表自己的看法，并且可以了解其他同学的写作水平，便于同学们互相学习，共同提高。

3. 学生互改

两个同学之间互相批改，写自己的，批改别人的，一文两作，效率最高。但在实际运用中，往往达不到批改效果。因为批改需要较高的写作能力，而有一些水平相对较弱的学生很难把握同学的作文水平，批改水平堪忧。

4. 自我修改

让学生自我修改是一个好的方法，很多好作文都是改出来的。教师让学生修改之后，要让学生学会总结，如果一个学生学会了自己修改文章，那他的写作水平一定会提高一个层次。

5. 当堂口头批改

指定一个学生在全班朗读自己的作文，师生边听边记优缺点，等朗读的同学读完后，同学们评价其优劣，并提出修改意见。

这种做法的优点是：省时省事，简便易行，一节课可以批改多篇；既锻炼了学生的听力、注意力和思维敏捷性，也锻炼了其口语表达能力；同学们在听的过程中还可以做到取人之长，补己之短。缺点是：因为读的过程比较快，所以很难听得很细致具体；而且对于一些英语水平较差的学生而言可能不能立刻理解文中的单词和语句；学生们所提出的意见是不是都合理，还需要进一步斟酌。

6. 评比竞赛

把学生分成小组，将各组推举出来的优秀文章抄出来，张贴在教室墙上，过一段时间后，组织学生评比，选出全班最佳作文。这种方式可以调动学生的积极性，写出好文章。评比的过程也是一个学习的过程，每个同学要看十几篇他人的作文，自己如果写得好被人欣赏，会让自己更加努力；如果看到别人写得好，会见贤思齐，争取赶上他人。

7. 合作式评改

这种方式是由作者自己、同学、教师共同完成的。首先由同学批，只批注不修改，找出文章的闪光点、创新点以及存在的问题和不足之处。然后由作者根据同学的修改意见来修改，在这个过程中，作者重新温习自己的习作，联系写作要求，结合同学批注，纠正失误，如果有不同意见还可以和给你批改的同学进行交流、切磋，加深领悟。最后一个环节是教师评，既评“批改者”批得是否准确，又评“修改者”改得是否到位。这种方式如果能真正深入做下去，效果一定是很好的。

8. 网络评改

现在的信息技术如此发达，教师可以把学生的作文传到网络平台上，同学们在上面各抒己见，进行评改留言。这种方式可以隐去真实姓名，大大调动了学生的积极性，使学生们的兴致更高。

（七）针对性地为学生提供指导和帮助

教师的指导与帮助在英语写作的过程中是非常重要的，能够对学生英语写作能力的培养起到关键性作用。教师的辅导过程应该不仅仅是持续的和全方位的，同时也必须具有个性化特点，这样才能达到事半功倍的教学效果。教师需要充分把握好每一个学生的现状，分析他们在学习过程中的难点和疑点，提供个性化、针对性的辅导和帮助。

（八）提供优质的教学环境

由于英语语言和汉语语言文化环境本身具有不同的特点，而语言学习氛围对于英语学生具有重要作用，学校应当提供丰富的外语教学资料和良好的教学设备，积极引导学生主动融入英语的学习氛围当中，为学生创设在汉语作为母语的环境下学习英语所需要的良好条件，而这样的教学环境也需要不断优化。语言如同社会一样，也在不断发展、日新月异，而要让英语教学不落后于时代的发展，就需要优化教学环境之中的各种要素。例如，引进外籍教师、更新教材和教学设备等。这不仅影响到教师的教学效果，同时也在一定程度上对学生自主学习英语的积极性产生影响。

第二节 英语写作教学的目标

一、英语写作教学的意义

相对于传统的英语教学而言，写作教学在理论上的重要性毋庸置疑。作为交际的重要形式之一，写作对中国学生而言是十分重要的。究其原因，主要有以下几点。

（一）写作是可行的英语语言生成练习方式

在语言的生成方式中，包含了说和写两种方法。由于在中国英语是一门外语，实际生活中讲英语的机会相对较少。就算是在英语教学中，对于大量的口语练习也缺乏环境与条件。中国人和中国人说英语必然会引起尴尬，对说话者带来心理负担，从而影响口语练习的有效性和趣味性。因此，中国英语学习者通常避免同中国人练习口语，他们渴望与说英语国家的人进行英语对话。然而，大多数中国英语学习者不具备这样的条件。因此，英语写作已经成为实践英语语言生成的一个可行途径。

（二）写作练习方便、经济

在学习英语的多种方式之中，写作练习可以说是一种最方便、经济的学习方式。不论何时何地，只要运用纸笔或者多媒体移动设备，就可以进行写作练习。何时开始、何时停止、按什么速度和方式进行都可以由学习者自由决定，不受其他力量的干预和限制。正因为这一特点，写作活动便成为英语学习者普遍接受和运用的主要学习方式之一。

（三）写作练习可提高学生的词汇和语法运用能力

对于英语写作的要求是要使用书面用语，使表达准确、结构优美。所以在进行写作训练的时候，学生们会自然地去把握词汇的意义和用法，更严格地掌握语法规则和句子结构。

（四）写作练习可推动其他语言技能的提高

英语写作属于一种语言生成的技能，可以说是一种内心的编码过程。在这个过程中，与口语活动所必需的内心语言编码过程在本质上是一样的，所以写作练习必然会提高口语能力。由于在写作的过程中有对词汇和语法的严格要求，因此还能够拉动其他语言技能和综合语言运用能力的提高。

（五）写作是一种实用性语言技能

随着全球化的到来，英语的使用也越来越广泛，例如，英语邮件、英语简历、英语报告等，英语写作逐渐被越来越多的人需要。

总而言之，写作对于英语教学来讲有着非常重要的意义，同时，提高英语写作教学水平也对提高整个英语教育水平有着重要的意义。

二、英语写作教学的总目标

我国当前主要是从“过程和方法”“知识和能力”以及“情感、态度和价值观”这三个维度来构建教学目标的，这一标准中的规定摒弃了以前那种单纯注重写作知识和写作技能的倾向，较为全面地对写作教学提出了目标要求。具体来说，当前对写作教学的总目标要求是："能具体明确、文从字顺地表达自己的思想。能根据日常生活需要，运用常见的表达方式写作。"

在总目标的要求当中，"第一部分重在自我表达思想内容、发展个性，第二部分重在交流信息、表达思想，适应社会需要，二者相辅相成，缺一不可。"其中，"具体明确"指的是文章的内容，"文从字顺"指的是语言的形式，"自己的思想"突出了写作主体的意图，"常见的表达方式"通常可以淡化文体的要求，而"根据日常生活需要"则加强了写作教学与社会生活的联系。

三、英语写作教学的阶段性目标

（一）"写话"教学阶段

第一学段属于"写话"教学阶段。对于写话的内容并没有具体要求，长短也没有硬性规定，可以是一句话，也可以是几句话；可以写一段，也可以写几段；可以是一篇，也可以写几篇。"写话"教学的目的在于为学生提供充分的"写话"空间，并为第二、三阶段的"习作"或"写作"打下坚实的基础。写话的训练形式多种多样，如可以观察生活写话、看图写话、学课文写话、听故事写话等。

在写话阶段，教师要注意培养学生对于写话的兴趣和乐于写文章的习惯。同时，教师还要鼓励学生尝试运用阅读和生活中学到的词语，努力将日常交际、阅读与写作结合起来。此外，教师还要注意鼓励学生自由地表达自己的所想、所见。

（二）"习作"教学阶段

第二学段属于"习作"教学阶段。学生在"写话"阶段打下了良好的基础，此时可以顺利地进入"习作"学习阶段。在这一阶段的教学中，教师应当注意以下几点。

1. 培养学生的自信心

如果说在第一阶段，培养学生学习写话的兴趣非常重要，那么到了第二阶段增强习作的自信心则成为重中之重。因为"习作"不同于"写话"，"写话"的内容与形式主要出于学生自身的兴趣，而"习作"是完全有别于口头表达，是较为完整的书面表达。这种书面表达从内容到形式上对学生来说都会有一定的难度，因此教师要通过有效的教学策略让学生建立自信，产生兴趣，相信自己能写、会写。

2. 鼓励学生分享习作

教师应当鼓励学生与其他同学分享自己的习作，培养学生良好的修改习惯。分享的过程同时也是一个修改的过程，因为学生可以看到别人习作中的闪光点，及时发现自身习作中的不足。总之，良好的作文修改习惯应当伴随学生写作学习的整个过程，而这一学段也提出了相应的修改要求。

3. 注重实用文的写作

实用文的写作是学生习作的一个重要组成部分，必须引起足够的重视。教师一方面要让学生体会到实用文在社会生活中的应用及其意义；另一方面也要让学生懂得这是适应社会生活的需要。

4. 丰富习作的内容与形式

在习作的内容方面，这一阶段对所要表达的内容没有固定的范畴形式，只要是自己的感想、见闻、启迪、感受或想象，学生都可以大胆写下来，表达出自己的切身感受。在习作形式方面，教师要鼓励学生自由表达，突破表达形式的束缚。

（三）“写作”教学阶段

第三学段属于“写作”教学阶段。在这一学段的教学中，教学需要注意以下几个方面的问题。

1. 培养书面表达的目的意识

在这一阶段，教师要让学生明确懂得写作不仅是为了自我表达，还是为了与他人交流，因此应当树立一种书面表达的目的性意识。一定的写作目的决定着一定的写作内容及其形式，学生只有树立了写作的目的性意识，才会进一步考虑所要表达的内容和形式。

2. 明确写作的内容和形式

在写作的内容方面，这一学段要求学生“能写简单的纪实作文和想象作文”。在这里，并没有从文体（如说明文、记叙文、议论文等）方面提出具体的要求，而只是从“纪实”“想象”的角度来做内容上的划分。这种划分最终是为了摆脱文体形式方面的要求，同时也在很大程度上降低了基于不同文体较为繁复的写作要求。总之，只要做到内容具体、感情真实、能够分段表述就可以了。

3. 重视素材的积累

积累素材是写作要做的最基本的工作。因此，此阶段要关注写作过程，强调写作素材的积累。要在第二学段“留心观察周围事物”要求的基础上，在第三学段“养成留心观察周围事物的习惯，有意识地丰富自己的见闻，珍视个人的独特感受，积累习作素材”。

四、英语写作教学的具体目标

（一）一般要求

①能够用常见的应用文体完成一般的写作任务。

②能够在一般或应用写作中使用恰当的写作技能。

③能够描述个人经历、情感、观感和发生的事件等。

④能够在半小时内就一般性话题或提纲写出不少于120词的短文，内容基本完整，中心思想明确，用词恰当，语意连贯。

（二）较高要求

①能够描述和表达各种图表信息。

②能够写出自己所学专业论文的英文摘要及小论文。

③能够写出日常应用文，基本上就一般性的主题表达个人观点。

④能够在半小时内写出不少于160词的短文，内容完整，条理清晰，观点明确，重点突出，语句通顺。

⑤能够借助参考资料写出与专业相关、结构基本清晰、内容较为丰富的报告和论文。

（三）更高要求

①能够就一般性主题以书面形式比较自如地表达个人的观点。

②能够用英语撰写所学专业的简短的报告和论文。

③能够在半小时内写出不少于200词的说明文或议论文，思想表达明确，内容丰富，结构完整，条理清晰，逻辑性强。

教学目标不仅是教师的教学方向，同时它也对教学活动起到一定的控制和监督作用。需要指出的是，教学目标虽然具有很强的指导性，但是教师在实际的写作教学中应当依据本校英语课程教学体系和学生的实际需求进行有计划的教学，既做到有“纲”可依，又不照本宣科，要从实际出发，具体问题具体分析。

第三节　英语写作教学的原则

一、以学生为中心原则

以学生为中心的教学原则是英语写作教学的首要原则。素质教育不仅强调要让每个学生全面发展、主动发展，更要强调的是让每一个学生实现个性化发展。关注学生个性的发育，是学英语教学活动要承担的另一重任；因人施教、助长个性是素质教育的重要理念，关注人与人之间的个体差异，利用英语教学来促使学生个性化地发展，使学生的个性得到充分发展，是素质教育背景下英语教学活动必须思考的问题之一。

英语教学的效能不仅体现在学生的共同发展、全面发展上，还体现在学生的差异发展上。社会需要的是各种各样的人才，学生的个性差异，不但不应该被压抑，而且还应该对之进行呵护和培养。尊重与培养学生的个性，是高效能教学的鲜明特征之一，认识学生个性差异，是在英语教学活动中实施素质教育的另一重要思路。

二、兴趣原则

对于学习而言，兴趣是最好的老师，尤其是在英语学习方面，因为大多数的中国学生都是在课堂上来学习英语的，如果没有兴趣，不管教师教得多好，学生的学习效果都不会得到提高。因此，对英语学习的兴趣直接影响英语学习的成败。学生们对英语学习的兴趣主要来自学习英语的目的、学习活动本身及其带来的信心和成就。具体来说，如果英语教师想激发和培养学生学习英语的兴趣，他们可以从以下几个方面努力。

（一）了解学生真正感兴趣的问题

教师在进行英语写作教学的过程中，若想激发学生的学习兴趣，必须要了解学生真正感兴趣的问题。可以尝试找一些与学生生活密切相关的作文类别，将其设计成课堂活动的素材，引导学生对学习产生兴趣，将枯燥的教学内容变得立体生动。

（二）了解和鼓励学生的进步

教师若想培养学生对学习的兴趣，就要善于发现学生的进步，并且及时给予鼓励和表扬，提升学生的自信心和成就感。对于学生而言，学习成绩的提高可以在很大程度上使他们保持对学习的兴趣，即使在短期内看不到成绩的显著变化，教师的肯定也会使他们增加自信。在英语教学中，教师通过奖励、任务、荣誉、信任和情感来鼓励学生取得进步，可以促使学生积极参与、大胆实践，体验成功的喜悦。在这种环境下，学生对学习的兴趣就逐渐培养了起来。

（三）激发对教材的兴趣

现代教育理论认为，教育是一种创造性活动。课堂教学是教师个性的展现。当前的教育理念强调教师树立特色意识，张扬个性。其实，强烈的教学个性风格是成功教学的一个标志。教学有法，但无定法。教学方法的大忌是单一化、模式化、公式化。和尚念经式的、一成不变的教学，是培养不出有创造性的一代新人的。

因此，在教学过程中教师应该以引导者与组织者的身份去帮助学生，使学生能够充分地利用教材为自己的学习提供服务。“用教材教”的过程是一种建构过程，教师应当结合自身实际和学生的具体情况进行突破和创新，使课本上的知识“活”起来。针对学生的心理特点和已有知识，对教材进行科学、艺术的处理，进行教法上的编排、设计和加工，克服组织形式的模式化。

（四）改变传统英语写作教学与评价方式

1. 灵活运用英语写作教学的方式

在英语教学中，我们应该避免过分强调死记硬背和机械练习。一些死记硬背和机械练习虽然在基础英语学习中是不可或缺的，但是我们不应让这种方式成为主要的英语写作教学手段。过多的机械练习很容易导致教学的僵化和枯燥，使学生失去或降低学习英语的兴趣。

因此，在英语写作教学中，应努力创造学习知识内容、技能和策略所需的情境，培养学习者学习英语的思维，帮助他们加快英语知识的内化过程，最终将英语知识转化为交际工具。通过这种教学方法，不仅可以提高学生的英语交际能力，还可以提高教师自身的综合素质。

2. 创新英语写作评价方式

由于受到应试教育的影响，我国对于英语写作的评价方式极大地影响了学生对英语的学习兴趣。因此，为了避免这种情势蔓延，应该及时改进英语写作的评价方式。

在考核时，除了学生的分数之外，还应注意学生的学习态度、参与热情、努力程度、沟通能力和合作精神，对于不同阶段的学习者，笔试可以与口试相结合，这两种方法考察不同的知识点，但是这两种方法的综合运用可以使教师对学生的英语学习有更全面的了解。

三、层进原则

根据认知心理学中阶段发展的观点来看，人们不是一次性就能够对事物的本质进行理解，而是需要一个从浅到深、从低到高、从简单到复杂、从旧到新、不断变化、不断巩固和提高的过程。所以在进行英语写作教学时，我们同样也要做到循序渐进，通常可以从以下三方面入手。

（一）从语言本身来看

在英语写作教学的过程中，教师可以将写作训练从写句子开始，然后是段落，最后是语篇。在英语写作中，单词是文章中最小的单位，单词按照一定的规则排列成句子，当句子按照一定的逻辑关联进行排列时，就形成了一篇文章。所以，如果想要学好英语写作，学生们必须要从单词与句子的写作开始，然后再逐步地过渡到语篇的写作。当学生能够掌握基本的句型，并且可以写出简单的句子时，教师可以引导学生写一些小短文。教师要在具体的实践过程中培养学生良好的写作习惯，正确、熟练地书写字母、单词和句子，注意大小写和标点符号。在进行英语写作时，教师应该引导学生如何构思文章，分析段落结构、段落的中心句以及句子之间的逻辑关系，并运用正确的写作技巧。

（二）从训练活动来看

训练技能要遵循由易到难的原则。曾有学者就英语写作教学提出了“大学英语写作分阶段教学的具体方案”，大致可分为以下十个阶段。

①写简单句。

②写复合句。

③段落的组成及要点。

④文章的文体类别。

⑤段落的发展方法。

⑥文章的结构。

⑦写作的书面技术——细节与修辞手段。

⑧写作步骤。

⑨范文分析和题型仿写。

⑩独立撰写实践。

可见，英语写作能力不是一蹴而就的，它必须由简到繁、由浅到深、由易到难、循序渐进，一步接一步地进行训练。

（三）从实际写作来看

在训练叙述、解释、描述和讨论四种风格时，首先要注意单一表达的训练，每项训练任务的字数要从少到多。学生掌握每项技能后，应进行两项或多项技能的组合训练。具体来说，在各种文体的实际实践中，教师应该首先向学生解释各种文体及其语言特点，然后解释写作要求和字数要求。在学生掌握了各种表达的技能后，可以引导他们去写一些简单的应用文。

虽然在实际的写作教学中，教师可以根据具体的教学阶段进行有计划的教学，但是从单词到句子到文章、从低到高、从易到难的教学方法是写作教学必须遵循的一般规律和原则。

四、综合性原则

综合教学原则要求教师在英语写作教学过程中注重听、说、读、写技能的综合运用，不能孤立地进行写作教学，因为听、说、读、写技能相辅相成，相互促进。例如，通过阅读，学生可以获得信息；通过在课堂上的讨论，学生们可以互相交流写作思想，从而逐步提高自己的英语水平。因此，生动有效的写作课实际上应该是听、说、读、写的综合运用。这就要求教师在实际的写作教学过程中紧密结合听、说、读、写，培养学生的多样化能力，使学生的英语学习能力可以相互影响、相互提高。

五、开放性原则

语言是生活世界的再现与反映，因此，语言只有面向生活世界，向周围世界“敞开”，才可能实现其存在。在英语写作教学的过程中，教师要把教学活动向三个维度开放，努力创造出一种开放化的英语教学形态，努力体现英语写作教学活动的活力与生气。

（一）英语课堂向课外开放

英语课堂教学是学生英语学习的基础，但若仅仅将教学活动局限于课内，局限于课本，整个教学活动就会在学生心目中失去地位，蜕变成为束缚学生自由思想的桎梏。因此，要大力发展英语第二课堂，让英语课堂教学与学生的英语课外活动结合起来，不断拓宽英语写作学习的途径。客观地讲，英语写作学习的结果需要学生到课外去练习、去使用，才可能达到学以致用的目的。离开了课外英语学习活动，离开了英语“第二课堂”的开辟，英语教学活动的魅力就会大大下降。

（二）英语教学向生活开放

教师在进行英语写作教学的过程中，需要结合学生们的生活经验，应该鼓励学生把课外生活经验带进课堂中来，尤其是要善于利用生活中的故事、游戏、感悟来拓宽课堂教学的视野。因此，英语教学向学生的生活开放，把他们的生活经验、故事、感受引入课堂中来，英语教学的活力就会显现。生活是语言的源头活水，学生的识字教学、阅读教学、作文教学等，都要以生活为依托，生活是英语教学的资源总库。正是如此，英语写作教学应该“在生活中，借助于生活，以生活的形式”来进行，不断提高英语写作教学的生动性和趣味性。

（三）语言教学向学生开放

在进行英语写作教学活动时，要强调学生的参与性，为学生提供课堂参与的机会，充分调动他们的主观能动性与积极创造性，这也是把语言教学向学生开放的客观要求。为此，英语写作教学要给学生提供参与的机会、表演的机会以及展示的机会，在课堂应用中，增进英语写作教学对他们的感召力与吸引力；英语写作教学要坚持以学生为本，让学生在课堂教学中扮演主人角色，把课堂还给学生，让学生语言方面的主观能动性、创造力、表现力得到充分展现。让每一个学生在课堂中找到自己的地位，找到展现自己英语素养的舞台。

六、灵活性原则

灵活性原则是兴趣性原则的有力保障。通常来说，人们都比较喜欢和易于接受新鲜事物，而对于死板机械的内容很容易失去兴趣。由于语言本身就是一个充满活力、不断发展的开放性系统，因此英语教师在教学中要遵循灵活性的原则，具体表现在两个方面。

（一）删繁就简

在进行英语写作教学的过程中，教师们都会遇到一种困扰，再有天赋的学生，也无法将一堂英语课中的所有内容全部记住、全部吸收。所以教师可以在英语写作教学过程中采用“以少胜多”的方式，也就是在课堂教学中，教师要对教学内容进行取舍和删减。

教师与学生之间有着年龄与身份的差异，所以在认知上也同样有着区别。

例如，在进行英语写作的过程中，学生会在其中理解出一些不同于教师的体会，所以，教师应该鼓励学生对自主学习的掌握，而对一些晦涩难懂的内容再对学生进行耐心教导。在教学过程中我们应该明白欲速则不达、广种而薄收的道理。

（二）精雕细刻

对于英语写作教学的设计，要体现出一种“层次感”，这种“层次感”就是通过对细节的雕琢、层层深入来完成的。就像在一颗核桃上雕出景色、人物，要想在有限的平面以及背后开发出巨大的空间，一定要依赖于层次感的塑造。对于层次感的塑造，来源于对细节的把握，教师要善于总结教学内容细节中的难点与重点。

（三）把握深度

英语教学的深度不仅仅关系到学生对知识的掌握，还会影响到对学生思维深度的挖掘。在当前的英语课堂教学模式中，英语写作教学很容易变成一种流水线般的表演，让人感到空洞而造作，缺乏英语写作教学的内涵，失去了真正的英语教学意义。我们对英语写作教学的设计要同时兼顾感性与理性，在用感性的内容打动学生时也要用理性的思维来引导学生。

（四）留足时间

在英语课堂教学中，教师将整堂课的所有时间都用来教授学生知识也是不行的，给学生留出一定的时间是非常重要的。

1. 要给学生留出心平气和写作的时间

在传统的英语写作教学过程中，教师通常都会给学生留家庭作业，到了上课时间直接进行讲解。有的学生会敷衍了事，有的学生则会忘记在写作时的思考和情感状态，甚至会有学生在网上进行摘抄。如果学生没有先行的感知过程，教师讲再多也无法进入他的思维系统。所以，不要觉得在课上安排学生写作是浪费时间。

2. 要给学生留出大胆质疑的时间

在我国传统的教学模式中，教师的地位是不容撼动的，但是学无止境，一个人所能掌握的知识不可能是无穷无尽的，所以对于学生而言，他们有权利对教师提出质疑，因为教师也有犯错的时候。学生应该善于思考，并且提出自己的问题、表达自己的见解。而教师应该与学生在平等的氛围中进行讨论，并且要最大限度地鼓励学生提问，认真对待学生的问题，哪怕学生提出的问题不具有太大的价值，甚至比较幼稚，也应该对其进行引导。

3. 要给学生留出反思的时间

在英语写作教学的过程中，要尽可能地调动学生的感官，让学生去感受、去思考，让学生在反思的过程中消化课堂中的内容。这个不断思考、内化的过程对学习效果的有效达成大有裨益。

七、交际性原则

在我国，学习英语的最终目的就是为了能够使用英语，因此，英语教学的最终目的就是能够培养学生对英语的综合运用能力。所以教师在英语教学的过程中必须要以培养学生的交际能力为最终目的，始终遵守交际性原则。具体而言，在英语写作的教学过程中，教师需要注意以下几个方面。

（一）正确认识英语写作教学的性质

在进行英语写作教学时，教师必须要正确地认识到英语教学的性质。英语教学是将教、学、用三个方面构成的一个有机体，作为一种技能培养型的课程当然重点就在于“用”。英语交际能力是在实际的使用过程中培养出来的，如果仅仅是学习理论而缺乏实践，那将很难达到目标。因此，在英语写作教学中不仅要为学生进行理论知识的讲解，还要时刻给学生锻炼的机会，加强学生们对英语的使用练习。

（二）结合学生的生活来选择教学内容与活动

在之前的内容中我们有提到过，为了激发学生的学习兴趣应该在教学时尽量贴合学生的实际生活，因为语言总是与现实生活紧密相连的。所以在进行英语写作教学时，教师应该结合学生所关心的话题，给学生提供足够的、内容丰富的、题材广泛的、贴近学生生活的信息材料。这样的材料由于具有一定的现实性，因此容易使学生产生共鸣，从而调动学生的兴趣，使学生能够认识到学习英语的目的不是应付考试，而是在于交际。例如，教师可以结合学生在毕业后将面临的找工作问题，培养学生对简历、通知等应用文的撰写能力。

（三）在教学中灵活创设交际情境

通过在教学中创造情境，能够使学生身临其境，提高学生的学习兴趣。所以教师应该在教学的过程中，结合教材中的内容，利用道具创造各种的交际情境。另外，教师也可以设计一些任务活动，让学生能够通过完成任务的方式来获得和积累相应的学习知识与经验。

八、多样化原则

英语写作的多样化原则主要体现在以下两个方面。

（一）写作文体与形式的多样化

1. 从文体上看

英语写作同汉语写作一样，也是分为多种文体，可以写议论文、记叙文、说明文，也可以写便条、书信、通知。

2. 从形式上看

可以用口头作文，也可以续写故事；可以写提纲训练，也可以写扩展段训练。另外，教师还可以让学生以扩写、改写、缩写、仿写、情景作文等方式进行写作训练，使学生能够逐步掌握英语写作的技巧。下面我们对这些训练方式进行简单的介绍。

（1）扩写

扩写能够培养学生的想象力，但是需要注意的是，既要想象合理也要符合原意，并且还要符合生活实际，不能够凭空想象。

（2）改写

教师可以指导学生对教材中的对话进行改写，在改写训练中可以帮助学生加深对教材的研究和理解，并且还能够帮助学生把握文章的中心思想。

（3）缩写

在进行缩写练习时，教师可指导学生按照“关键词—思考—讨论—复述—动笔”这样的思路将课文中的关键词串联起来，然后写出本课的主题或中心思想。

（4）仿写

仿写并不是一味地去模仿别人的写作模式，而是先仔细观察再临摹，然后自主写作，进而达到熟练写作的目的。

（5）情景作文

情景作文是能够最有效培养学生综合能力的一种写作方式，需要学生把平时所学的知识点滴积累，提炼并转化为带有感情色彩的优美的文字语言。

以上五种写作训练的方式各有优势，要针对学生在英语写作教学中的学习程度和出现的问题来进行应用。只有让学生多做这方面的练习，才能真正提高学生的写作水平。

（二）表达手段的多样化

英语的表达手段多种多样，同样的意思可以通过不同的句型来表达。因此，在英语写作教学的过程中，教师需要引导学生学会用不同的句型结构来进行表达，这不仅可以弥补学生在语言知识上的不足，而且能启迪学生的思维，使学生能够把知识变成技能、灵活运用语言。

九、重视文化原则

（一）加强文化知识的传授

教师在强调学生基础知识积累的同时，应该贯穿英语交际能力的培养，注意英语文化知识的传授。例如，在课堂上讲授有关文化的知识，鼓励学生利用课堂、课外进行练习和巩固。培养学生在实际中运用语言的能力和技巧，提高学生的听、说、读、写能力，增强学生的知识积累。

（二）利用教材渗透多元文化

在教材的处理上，教师可以结合课本内容，不断拓展、引出相关的文化信息。词汇是语言中最活跃的成分，也是最大的文化载体之一。因此，在平时的教学中，教师应注意介绍英语词汇的文化意义。英语中有许多词汇来自神话、寓言、传说，或是与某些名著有关。了解这方面的文化知识，有助于学生对英语词语的理解和掌握。

十、重视评估原则

（一）教学结果评估

对写作结果的评估也就是对学习成绩的评估。在传统的教学环境中，结果评估一般以“等级”的方式进行，即由教师在学生上交的每份作业中划分等级，学生的作业通常满篇都是教师的批改。这种评价方式虽然可以在一定程度上帮助学生发现问题，但却使学生对写作失去了信心，同时也增加了教师的负担。

有研究表明，鼓励性的、有建设性的反馈，加之写作内容和写作过程的评估而非仅仅是写作惯例的监测有助于学生写作水平的提高，也有助于培养学生对写作的兴趣和正确态度。教师应该认识到，表扬比纠错更重要，过分的纠错会伤害学生的自尊。比较提倡的做法是在学生几经修改或校稿以后，教师给予适当的反馈。教师在给出反馈时，应当以鼓励为主，并在必要时指出需要改进之处。

（二）教学过程评估

对于英语写作来说，结果评估多于过程评估，但对于作为一种过程的写作教学来说，过程评估也是非常重要的。过程评估一般在写作过程中进行，形式多种多样，可以由教师进行评估；也可以由教师在示范如何评价的基础上发展学生互评的能力，即由学生以讨论的方式进行评估；还可以由学生进行自评。在互评的讨论过程中，教师可以为学生提供一些可参考的问题，这些问题应当对互评的成功起到关键性的作用。此外，在学生互评或自评时，教师应当提供必需的评价工具，如自我评价表等，给出评价的指标、评价的标准和粗略的评价等级等，使学生在互评和自评过程中掌握一定的依据和方向，增强对自己评价能力的信心。

第四节　英语写作教学的理论基础

社会的进步和发展，对教育提出了新的要求。教育进步要借助于教学模式改革，而教学模式的改革要有一定的理论作为指导。英语写作教学作为英语教学的重要组成部分，必然要在一定的理论基础上进行改革。英语写作教学理论包括建构主义理论、合作学习理论、人本主义理论、错误分析理论、多元智能理论等，本节将重点介绍英语写作教学中的输入和输出理论，力求为英语写作教学提供指导。

一、输入输出理论概述

（一）克拉申输入理论

克拉申（Krashen）将已有的语言知识定义为 i，将语言发展的下一阶段则定义为 i+1。其中，1 是指现有的语言水平和下一阶段的语言水平之间的差距。第二语言（以下简称二语）学习者接触到属于 i+1 阶段的语言材料时将会对其本身的语言水平起到积极作用。但是，如果语言材料中的知识是学习者已经掌握的知识或语言材料的难度太高，那么二语学习者的学习将是没有意义的。

语言输入能够激活人脑中的习得机制，其必要条件是语言输入是可理解的。克拉申认为诸如口语之类的语言使用能力不是通过教学获得的，而是通过接触可理解的语言输入后自然形成的。

克拉申从四个方面对输入理论做出了阐述。首先，输入材料要可理解，难度适中，既不能太困难又不能太简单；其次，输入材料要达到一定的量，如果输入材料不充足将不能激活二语学习者的习得机制；再次，输入材料要有一定的趣味性和相关性，这是指输入材料要能够在视觉和听觉等方面引起学习者的兴趣，输入材料要和学习者的语言环境有一定的相关性；最后，输入材料的设置要根据具体的语言环境进行设置。

（二）斯维因输出理论

斯维因（Swain）认为语言学习过程要包括可理解性输入和可理解性输出。可理解性输出与可理解性输入一样能激发二语学习者的习得机制。

在斯维因看来，二语学习者的表达中出现错误是因为练习语言表达和实际语言表达的机会不多。教师只注重语法教学而忽视了学生表达能力的练习，导致学生练习的机会和实际表达的机会不多。理解语言和生成语言是两个不同的过程。语言学习者在理解习得的语言之后要练习并使用已经习得的语言知识。二语学习者在表达过程中出现的错误能够提高其使用语言的准确性，使得其语言在使用的过程中达到准确、连贯。

二、写作前的语言多模态输入阶段

（一）以视听内容的整合为写作铺垫

在第一轮的口头表述中，教师可以将学生的接受程度作为依据，指导学生组织语言时多使用单句。同时要提醒学生使用最近的语言输入中的重要短语回答输入材料中的问题，激活输入的语言知识。

在此过程中，学生要整理视听内容，通过口头表达的方式拟下草稿，为写作做准备。

（二）以词块的听说操练为写作基础

在词块积累阶段，教师可以选取一定数量的与写作主题有关的短语。这些短语的选择要以动宾短语为主，数量不宜超过 10 个。使用多媒体技术将这些短语呈现给学生，采取头脑风暴、短语竞猜、游戏比赛、限时速记、补全内容、改正拼写等带有娱乐性质的视听方式激活输入的语言知识。根据克拉申的输入理论，这种方法能够使学生的语言输入更加高效。

（三）以材料问题的解决为视听任务

视听材料的选取有一定的困难，要选取与教学内容的主题相近的视听材料。

完成视听任务时要使用不同的形式，以激发学生语言输入的参与性、主动性和有效性。具体来讲，可采取问题解答、采访报道、预测剧情、概述大意、发表影评、猜测词意、情景对比、情节改编等方法，在实际的运用过程中要根据教学内容的主题和输入材料的实际情况来选择。

（四）以视听材料的主线为写作范本

写作过程的进行将语言作为基础，写作过程也是输入和输出的融合。如果写作教学能够激发学生的写作动机，那么将会获得良好的教学效果。选择的输入材料的内容和主题贴近学生的生活和学习会使学生产生表达欲，即激发学生的表达动机。在输入材料的基础上使用输入的短语，可以进行简评、影评、续写台词、情节改编等写作练习。这些练习既能够提高学生的写作能力，又能够积累写作素材。在英语写作教学的高级阶段，较大篇幅地运用输入材料的语言，就使其成了写作的范本。

三、写作中的语言输出阶段

写作中的语言输出阶段是对输入语言知识的内化过程。在具体的教学过程中，学生的写作会遇到困难。如学生会在语言知识方面遇到拼写困难和语法困难，过渡段和过渡语的使用困难，句式单一的问题；在写作内容加工方面，学生会遇到不能用语言准确地表达出内容的问题，内容安排上缺乏逻辑性的问题。

英语写作教学不是简单的线性过程，要解决上述问题，要根据学生在写作过程中出现的问题进行再次输入和再次输出。

四、写作后的语言输入输出阶段

书面写作完成后经由教师和同学的评价，学生的写作能力在语言方面和内容方面均能有所提高。教师可指导学生用口语将优秀的作文表述出来，实现由写促说，由输出促输入。这个表述过程可以采取单人表述、多人表述和角色扮演等多种形式。

交互假说理论认为语言吸收是在互动操练中实现的。因此，写作后的语言输入输出会使学生的语言表达更加准确和流畅。

第二章　影响英语写作的因素

随着全球化的不断深入，世界各国之间的交往日益密切。现代社会对学生的外语能力提出了更高的要求，英语写作逐渐受到重视。在英语教学中，英语写作能充分反映出学生的英语水平。要想在规定时间内写出一篇高质量的英语作文不是一件易事，影响英语写作的因素众多。本章主要从母语水平、英语水平、思维能力、写作动机四方面入手，探讨影响英语写作的因素。

第一节　母语与英语水平对英语写作的影响

一、母语水平对英语写作的影响

（一）母语习得过程

母语是指一个人出生后最先接触并获得的语言。例如，一个儿童出生后首先接触并获得了汉语，汉语就是他的母语。同样，一个儿童出生后先接触并获得的是英语，那么英语就是他的母语。

儿童的大脑具有很强的可塑性，这是语言学习敏感期的生理基础。儿童开始学讲话的时间不同，但所经历的发展阶段都大致相同。1 岁以内的婴幼儿会辨认口语中的词和其他较小的语言单位，并对母语的韵律非常敏感。6 ~ 9 个月的婴幼儿能对语言输入的特征进行处理；9 个月的婴幼儿能关注音位顺序；12 个月左右的婴幼儿可说出第一个词。

此后，婴幼儿的词汇量以平均每月 1 ~ 3 个词的速度缓慢增长。2 岁的婴幼儿语言学习迅速，能理解和表达的词汇量迅猛增长。2 岁半的婴幼儿学会造句，句子中的名词、动词、形容词等能以与成人类似的结构形式出现。

韩礼德（Halliday）在《婴幼儿的语言》这本书中详尽研究了他儿子从

9个月到2岁半的语言习得情况。韩礼德将他儿子的话语记录下来，再从多种角度对其进行分析。通过分析，韩礼德将儿童学习母语的过程分为三个阶段。

①原始母语阶段；

②原始母语到成人语言的过渡阶段；

③学习成人语言阶段。

根据记录并分析语言与学习的关系，韩礼德将语言学习总结为三个层面。

①学习语言；

②通过语言学习其他知识；

③学习语言本身。

出生2周的婴幼儿能把语音从其他声音中区别出来。2 ~ 3个月的婴幼儿对人的声音会做出凝视、微笑或停止哭叫的反应。4个月左右的婴幼儿能分辨愤怒和友好的声音，也能分辨熟悉的和不熟悉的声音。随着婴幼儿的逐渐成长，他们的语音知觉逐渐稳定，语音能力不断提升。

婴幼儿在学会说话前，只能靠面部表情和肢体语言来表达他们的想法和意愿。父母如果能正确地理解婴幼儿的身体语言，就能了解婴幼儿的感受和需求。婴幼儿在9个月的时候，其认知能力会得到很大的提高。同时，随着活动能力和协调能力的提高，清晰且带有交流意识的动作能够表达出婴幼儿的需要和爱好。例如，在看到家人时，他可能会伸出双手希望得到拥抱，而见到陌生人的时就会抓紧父母的手。

婴幼儿从出生开始就具备了许多学习语言的条件和机会。他们既可以发声，还能接触到包括人类语言在内的各种声音。婴幼儿对一些重要语音的区分很早就已经开始了。到6个月左右时，他就开始对语言中的快慢以及语气有所了解。

婴幼儿在1岁左右是单词阶段，能说出最早的词。在1岁到2岁是单词句阶段，能说出用一个单词来表达整个句子的单词句。在早期的单词句阶段，婴幼儿的词汇量只有几个词，最初出现的词通常是人、食物、玩具、动物等的名称，范围逐渐扩大到交通工具、衣服等方面。在单词句阶段的中后期，婴幼儿约18个月，之后逐渐进入双词句阶段。双词句阶段过后，婴幼儿的语言中能出现较长的短语。

婴幼儿在掌握双词句后，就开始学习语言的句法。在2岁半到3岁时，婴幼儿语言中的复合句所占比例达到35%。这时衡量婴幼儿语言发展的一个指标是句子的平均长度。句子的长度会随着婴幼儿认知与语言复杂性的增强而增长。这说明了婴幼儿能学习复杂语法形式和产生更长句子的能力在不断变化和发展。

由于语言和社会交往的不断进步，儿童慢慢地学会了根据不同的对话者来改变自己的说话内容，也慢慢学会了用合适的方式进行表达。一般来说，大部分儿童在 4 岁就可以在不同的情况下选择自己的语言。例如，他们在与人进行交谈时，所使用的语句比 2 岁交谈时所使用的语句要长，所运用到的语法结构也会更加复杂。通过不断的对话，儿童可以更加准确、合适的选择在日常生活中与成年人的交谈方式。在人际交往中，儿童懂得用语言来满足自己的物质需要，控制他人的行动，陈述自己或自己对他人的关系，希望别人对自己做出评价，满足自己的好奇心。

（二）母语的功能

关于母语在二语写作中的功能，郭纯洁和刘芳研究了母语在第二语言输出过程中的作用。研究发现，母语对第二语言的输出在于对学习者的认知处理。母语在第二语言输出过程中的功能主要包括以下三种。

①检索相关第二语言的单词、短语或句子；

②分析和判断语言形式；

③对作文内容进行逻辑推理。

在第二语言习得过程中，二语习得者在输出第二语言时所进行的逻辑推理大部分都是由母语承担的。母语对第二语言习得的影响程度较深，母语对第二语言习得最重要的作用不是母语迁移，而是逻辑中介。逻辑中介是指母语在第二语言习得过程中充当双语检索的中介、语义理解的中介以及分析语言形式的中介。

上述研究具有一定的开拓性，可以使人们认识到母语在英语写作中的作用，但该研究对母语影响的界定过于简单，只是对母语动态影响进行描述，不能解释英语写作中所有使用母语的情况。因此，郭纯洁和文秋芳根据上述研究成果，深入分析写作中母语的功能以及比较写作能力不同的学生在英语写作过程中母语使用的差异。研究发现，在英语写作过程中，母语的功能主要包括以下几种。

①转换中介；

②程序管理中介；

③形式检索中介；

④内容生成中介；

⑤内容验证中介。

用于转换中介的母语与英语写作内容有直接联系，写作能力较高的学生在转换过程中会较多地使用母语，能在一定程度上提高英语写作质量。用于内容验证中介的母语主要是检验生成的英语作文与作者想要表达的内容是否一致，对提高英语写作质量也有一定帮助。

母语在英语写作中既有积极作用，也具有一定的消极作用。学生如何在英语写作中使用母语，决定着母语在英语写作中起到的作用。在英语写作过程中，发挥母语的转换中介和内容验证中介作用，能有效提高英语写作质量。但若在内容生成过程中过多地依赖母语，对英语写作影响较小。换句话说，学生在英语写作过程中大量运用母语作为中介，会影响英语作文的质量。

由于学生的英语水平有限，学生不得不依赖母语来进行英语写作。如果学生适量使用母语，就能充分发挥母语在英语写作中的积极作用，而大量使用则会降低母语的积极作用，不利于提高英语作文质量。因此，在课堂教学中，教师要引导学生合理使用母语，充分发挥母语的积极作用，减少消极作用。

（三）母语的影响

1. 母语水平的影响

母语对英语写作的影响不仅在于语言本身，还在于思维方式、社会文化等方面。母语写作能力是一般写作能力的特殊表现形式，受母语社会、文化、历史等的影响，适用于表现母语文化，并服务于母语社群。

英语写作能力以一般写作能力为基础，是在英语学习过程中习得的用于英语写作的能力，受母语写作能力的影响。当第二语言表达与母语相一致时，母语对第二语言习得形成正向迁移；当第二语言表达与母语不一致时，母语对第二语言习得产生负向迁移。人们所说的“中式英语”就是汉语负向迁移的产物。

二语习得者的母语思维和母语水平是影响二语写作的重要因素。汉语写作能力对英语写作能力能产生直接影响。一般来说，汉语写作水平高的学生，其英语写作水平也高。汉语写作水平高的学生在英语写作时，能力的迁移会使他们的英语作文也像汉语作文那样结构完整，内容有深度。反之，汉语写作水平较弱的学生在写英语作文时，就会受到其汉语写作水平较弱的影响，写出的英语作文没有完整性，内容缺乏细节。

学生的英语水平越高，英语水平对英语写作能力的预示作用越小，汉语写作能力对英语写作能力的预示作用越强。学生的英语水平存在一个阈限。在阈限以上，汉语写作水平对英语写作水平的解释力大于英语水平；在阈限以下，汉语写作水平和英语水平对英语写作水平具有相当的解释力。

2. 母语思维的影响

语言与思维密不可分，语言是思维的载体，思维是语言的基础。因此，母语思维对二语写作具有很大影响。关于母语思维与二语习得的研究一直是学者们研究的热点，其研究内容主要分为两个方面：研究二语习得中母语思维现象；研究母语迁移对二语习得的影响。在二语习得研究领域内，二语习得者经常使用两种语言思维，即母语思维和第二语言思维。王文斌通过分析语料库的相关数据，发现二语习得者经常把母语的语法规则迁移到二语习得的过程中。柏舍（Bosher）通过研究二语写作，发现有些学生在二语写作过程中首先运用母语思维打草稿，然后再将草稿翻译成二语作文。

母语思维对二语写作的影响也是学者们讨论的热点问题。学者们关于这一问题有着不同的看法。早期学者们认为母语思维阻碍二语写作，学习者在写作时应尽量避免使用母语思维，运用二语思维。这一看法被许多二语教师和学习者所接受。但随着研究的不断深入，学者们意识到母语思维对二语写作的影响是复杂的，不能简单概论，并开始逐渐研究母语思维对二语写作的积极影响。

雷伊（Lay）对二语写作过程中的母语思维进行了实证研究。她的研究对象为 4 个以汉语为母语的英语学习者。为调查他们在英语写作过程中的母语思维运用情况，雷伊要求他们用有声思维来写一篇英语议论文和记叙文。通过观察他们在写作过程中使用母语的模式、词汇等，她发现当被测试者被要求写与汉语相关的主题时，他们偏向于使用汉语。汉语在英语写作中作为一个辅助工具，所运用的汉语转换成英语得越多，英语作文的内容就越丰富。雷伊通过研究总结出了汉语在英语写作中具有以下作用。

①当学习者的语言能力发展到一定阶段时，汉语就可能在英语写作中发挥更大的作用。

②当英语写作的主题与汉语相关时，学习者就会更多地使用汉语。

③汉语能作为辅助工具，帮助学习者回忆不熟悉题目的信息。

此外，雷伊还总结了母语思维的以下优点。

①更容易提出问题，找到能支撑主题的论点，考虑更复杂的论点。

②更容易回想起过去的经验。

③有更多的词汇变化来丰富作文细节，使作文结构更加完整。

④有助于提高自我表达。

⑤更倾向表现文化敏感性。

郭纯洁和文秋芳对母语思维在二语写作中的作用进行了更为细致的描述，

并将其总结成以下 5 种作用。

①用母语来激发写作思维，包括对论点和内容的联想、推理、挑选、判断、监控等。

②将母语思维转换成二语句子。

③用母语纠正二语形式，包括对二语形式的判断、推理、质疑、监控等。

④用母语思维来验证二语句子是否完整表达了作者想表达的意思。

⑤用母语来控制二语写作过程。

王文宇进一步从多个层面研究母语思维在二语写作中的影响，将二语写作过程中的母语思维分成 5 类，即解题、内容构思、结构构思、文本输出、过程管理，研究这 5 类不同的母语思维活动对二语写作的影响。研究发现，母语思维在二语写作中的作用不是完全的积极作用或消极作用，某些母语思维活动在二语写作中的作用是积极的，如论点确立、内容构思、结构构思、内容验证等；某些母语思维活动在二语写作中的作用是消极的，如在遣词造句的过程中，过多地使用母语思维会影响二语写作的准确性。

学者们关于母语思维对二语写作影响的观点不一。教师不能简单地看待母语迁移，要承认母语思维影响二语写作的消极作用，还要认清母语思维对二语写作的积极作用。在二语教学中，教师要承认母语对二语习得的复杂作用，引导学生认清母语在二语习得中的积极和消极作用。

（四）母语与二语习得

每个人都至少会经历一次语言习得，那就是母语习得。而母语习得在儿童时代就能基本完成。每个成年人回顾一下自己的母语习得过程，都会发现这是一件轻而易举的事情。相关研究表明，孩子出生几个星期之后开始发声，约 10 个月之后开始咿呀学语。他们起初只能用单个的词表达思想，一岁半左右开始会说一些连贯的词组和句子。有的儿童可能开口比同龄孩子稍晚，但也不会有太大的差异。

随着智力的发展，儿童所说的句子会越来越长，语句变化越来越多，结构也越来越复杂。一般儿童到了四五岁就已经掌握了基本的语言和语法结构，以后几年中逐步扩大词汇，使用复杂的句法，掌握句法系统与语义系统的关系。因此，世界各国一般都规定儿童在 6 岁左右上小学，必修母语（语文）课。语文课在母语教育方面的作用主要是帮助扩大词汇量、完善语言系统，而并非意味着儿童在小学阶段才开始学习母语。当儿童进入成年阶段，想要再学第二种语言时，就没那么轻松了。

毫无疑问，母语习得与二语习得具有相似之处。研究表明，母语习得者与二语习得者采用了相似的学习策略，如泛化、类推、迁移、回避等。两者似乎都遵循着某种天然的习得次序来习得某些语法结构。母语习得与二语习得当然也存在差异。母语习得与二语习得的差异，可以从语言、生理、认知、情感、社会文化、学习条件等角度加以观察。

从语言角度来看，“天赋假说”可以解释儿童为什么能够轻松地习得语言，也可以解释为何成人难以达到儿童的二语习得水平。也就是说，儿童成年以后，由于参数已经固定，就会阻碍二语习得。“天赋假说”也启发了人们去探索第二语言学习者是否也跟母语习得那样存在一个习得的“天然次序”。

从生理规律来看，年龄越大，大脑的功能就越僵硬，就越不容易学习各项技能，包括语言。母语习得者的年龄一定很小，而二语习得者的年龄差异比较大，而且大多已过了关键期。这种生理上的变化，会在二语习得中反映出来。根据“关键期假说”，儿童在青春期到来之前，能够轻松地习得母语。进入青春期后，青少年的生理逐渐发生变化，大脑产生分工，控制语言模式的左脑逐渐固定，难以接受新的变化，因此二语习得比母语习得难度大，难以获得完全的成功。

从儿童认知发展角度来看，他们倾向于无意识地、自发地习得母语。而进入青春期以后，控制分析和智力功能的左脑开始起主导作用，强于控制情感功能的右脑。因此，成人更倾向于依赖分析能力学习第二语言。另外，儿童语言概念的形成和语言能力的发展是同时进行的，而成人往往首先掌握语言的基本概念。因此，成人学得比较快，但需要调整和修改已知的概念。

从儿童与成人的情感差异角度来看，两者会表现出不同的学习态度。儿童由于思想不成熟，对所接触的任何语言不抱任何偏见，甚至并不知道自己正在“学习”何种语言，因而其学习态度是积极的。而成人往往已对目的语的文化有所了解，他们对目的语文化的态度会影响到对目的语的学习态度。因此，成人的二语学习态度既有积极的，也有消极的，其二语学习动机也有融入型、工具型等区别。

从社会文化的角度来看，儿童和成人在社会认同和个人认同方面的需求有所不同，儿童学习语言的主要动机之一是要跟社会上的人们一起生存和活动，以满足自己的需求，所以他们乐于按照社会所接受的方式来表达思想、感情和愿望，并在社会认同的制约下发展自己的个人认同。因此，儿童在习得母语的过程中不在乎面子问题。而成人的社会认同已经基本定型，他们需要保护自己的个人认同，因此，他们可能为了面子而不愿开口说话。

从学习条件角度来看，儿童和成人在语言的输入量、接受反馈的模式、可用于第二语言学习的时间等方面也有所不同。就语言的输入量而言，儿童在母语环境中学习，可以接触到大量的语言输入。而成人的二语输入往往来自课堂教学，非常有限。即使成人是在目的语环境中学习，也会因各种因素的限制而无法获得充足的输入。就接受反馈的模式而言，儿童在非正规场合习得母语，反馈不明显，甚至没有反馈。成人往往在正规场合学习二语，并不断接受教师的反馈。就可用于学习的时间而言，儿童可以整天逗留在母语环境中而心无旁骛地习得母语。成人必须在母语环境和二语环境中来回周旋，不可能把所有的时间都花在二语环境中。

二、英语水平对英语写作的影响

（一）英语语言知识的影响

写作者的英语知识水平直接影响其二语写作效果。在该方面的研究中，马广惠做的有关高校学生英语写作能力影响因素的综合性研究颇具影响，建立了线性结构关系因果模式。此外，也有其他研究者就英语水平的某个方面开展了研究，多着重于词汇能力对写作水平的影响。

马广惠首先对英语语言水平进行了多维度定义，主要包括：英语水平的各种分享能力；英语理解知识和理解技能；英语表达知识和表达技能。

①英语理解知识进一步分为领会词汇、语法和语篇知识。

②英语理解技能分为听力和阅读技能。

③英语表达知识包括表达词汇、语法和语篇知识。

④英语表达技能包括口语表达能力。

他认为，英语表达词汇水平对英语写作能力起着至关重要的作用，表达词汇水平大于汉语写作能力和英语口语能力对英语写作能力的影响。学生可表达的词汇量越大，他们可写的内容就越多，文章就会有长度，主题思想得到充分发展的可能性就越大，文章的质量也越高。此外，英语口语表达能力对英语写作水平也有直接影响。学生的英语口语熟练，即具有了一定的英语交际能力，这种能力对用写作表达和交流思想有积极的促进作用。

在间接影响中，马广惠认为英语领会词汇对英语写作能力的间接影响最大，它通过三个途径，即对表达词汇的直接影响，对阅读的直接影响和对听力的直接影响，对英语写作能力产生间接影响。这表明了领会词汇是英语写作能力发展和提高的重要基础。同时，英语阅读能力对英语写作能力也产生间接影响，这表明了英语阅读能力不一定能直接提高英语写作能力。阅读能力对写作能力的影响是通过阅读对表达词汇的直接作用产生的，说明阅读能力强的学生更有能力从阅读中获得表达词汇。另外，语篇知识对英语写作能力也有间接影响，它是通过对英语听力和阅读的直接影响产生的。英语语篇知识源于英语衔接和篇章结构方面的知识。学生具备这方面的知识，有助于更好地理解上下文的关系和意义，更好地把握全文中心思想和目的。

刘东虹研究在写作策略的作用下，词汇量对写作质量是否有显著影响，写作策略能否弥补词汇量的不足。研究发现，产出性词汇量对写作质量的直接影响并不显著，与写作策略相结合才能发挥很大作用。写作策略对写作质量的影响有“阈限”，在“阈限”以上则会产生很大的影响。写作策略在一定程度上能弥补词汇量的不足。

（二）英语文化知识的影响

语言是在人类进化和发展的过程中产生和逐渐完善的，是一种特殊的社会现象。从这个意义上说，语言是文化的一个非常特殊的部分。语言受文化的制约，学习语言就必须了解相应的文化，尤其在英语写作中。

我国高校学生的英语水平近些年有了明显的提高，但学生的英语写作能力基本上仍处于徘徊状态，没有取得明显的进步。这是因为，学生只掌握了英语语言知识，却不了解英语背后的文化知识。

学习者如果缺乏目的语的文化知识，其语言输出就脱离了文化背景，进而影响目的语文化信息的传送。一个再优秀的学习者，如果不掌握英语文化知识，即使他的英语词汇和语法知识再丰富，他在使用英语进行表达时也会受到限制，母语文化也会影响他的英语表达。学习者的母语思维方式、语言、文化等都会影响学习者的英语表达，因此出现“中式英语”和“洋泾浜英语”就不足为奇了。由于英语语言知识的输入和输出之间存在差异，学习者的英语语言知识输入不能顺利进行，也就不能顺利完成交际活动。

在英语写作教学中，教师通过设定大量话题，对学生进行英语写作训练。但在英汉两种语言文化中，不同的话题其内涵存在着差异，同一话题的内涵也可能存在着差异，学生对话题的阐释可能不同。张红曾研究不同文化背景的学生对同一话题的作文表达情况。研究发现，不同文化背景的学生对同一话题的观点有很大差异，作文结构也存在差异，而相同文化背景的学生对同一话题的观点和作文结构上的差异较小。这说明了不同文化背景会导致语言表达的差异。

在英语教学中，教师不仅要教授学生英语语言知识，还要加强文化教学，教授学生英语文化知识，要让学生能进行交际，更要进行得体地交际，懂得蕴含在语言背后的文化内涵，真正实现有效的跨文化交际，避免因缺乏文化背景知识而造成误解。

（三）英汉语用差异的影响

由于中西文化不同，思维方式不同，英汉两种语言文化差异会渗透到英语写作中的各个环节，如词汇、句子、段落、语篇等。

1. 用词差异

汉语是象形文字，属于意合语言，句与句之间主要依靠内部的逻辑关系结合在一起，组成段落。

英语是拼音文字，属于形合语言，句子之间往往依附各种语言形式联系在一起，因此有各种语态、时态的变化。英语中通过添加词缀或合并词汇来表现词汇在词义、词类上的变化。

①通过添加前缀来表现词义的变化：like（喜欢）—dislike（不喜欢），true（正确的）—untrue（不正确的）。

②通过添加前缀来表现词性的变化：friend（朋友，名词）—befriend（做朋友，动词），danger（危险，名词）—endanger（危及，动词）。

③通过添加后缀来表现词性的变化：read（阅读，动词）—reader（读者，名词），color（颜色，名词）—colorful（颜色鲜艳的，形容词）。

中西方由于存在文化差异，因此中西方的思维方式也存在差异。中国学生的母语思维强调意合，因此时常忽略英语写作中的逻辑定式，如单复数、人称变化、数的变化等。在英语写作教学中，如果不强调意合与形合的区别，中国学生很容易受到母语负迁移的影响。

（1）日期表达差异

中西文化差异导致的用词差异不止于此。例如，在时间表达上，中国会给出一定的富裕时间，而英语国家特别强调时间的准确性。英汉语言在时间表达上的用词顺序差异如下。

汉语：2018 年 6 月 8 日。

英语：June 8th，2018.

汉语在时间表达上的用词顺序是先给出年份，后说日期，即由大到小。而英语的用词顺序是先给出日期，后说年份，即由小到大。

（2）时间表达差异

在具体时间的表达上，英汉也存在差异。英语国家强调准确的时间，这样会比较严肃和正式，而中国喜欢表达大概的时间。

What time will you arrive？

英语：At 7 o'clock.

汉语：大概七点到达。（About 7 o'clock.）

（3）地址表达差异

在地址表达上，英语习惯表达 ××（Name）××（Street）××（City）××（Country），首先说明收信人，其次说明收信地址，地址从小到大。而中国人的习惯是从大至小，如中国北京市 ×× 区 ×× 街道 ×× 号 ×× 收，收信人往往位于后面。英语国家注重表现细节，而中国注重整体。这正是中西方不同的思维方式导致的在地址表达习惯上的差异。

（4）观点表达差异

此外，在报告、新闻等有着明确立场的特殊文体中，文章中经常出现必须、要求、禁止、反对等词语。这些文体有着宣传教育群众的目的。由于西方国家多注重自身的个性，不习惯别人要求或告诉他们应该如何去做，因此西方的新闻、报纸所做的宣传与我国直接的宣传教育不同，作者的表达倾向于摆事实，留有空间让读者自己去判断。文章的主要作用是传达信息，往往不会要求读者应该甚至必须保持与文章相一致的观点。读者获取信息后，通过自身的思考得出判断。东方人不主张凸显某个人的个性，注重群体依存，强调社会对个人的约束性。而西方人注重个性，强调自己的观点，在群体中注重表现自己。

2. 句子差异

英汉两种语言在句子结构上也存在使用差异。汉语注重人称，而英语注重物称。在汉语中，多使用人称化的表达，常常选择有生命的、能进行动作的人或动物作为句子的主语，主动句较多；在英语中，多使用物称作为主语，主语常常是无生命的、不能进行动作的物体，被动句较多，而有生命的、能进行动作的施行者常常在句尾用 by 连接。在汉语思维中，只有人才能做出有意识的动作，因此对思维的主客体界限分明。

英汉两种语言通常都使用主谓宾结构作为句子的核心。英语通过各种类型的短语和从句来修饰和扩充句子成分，各种修饰语和从句使句子结构复杂。在英语句子结构中，复杂的长句反映了英语国家理性、严谨、逻辑性强的特点。在汉语中，句子则是通常按照习惯顺序将词语直接排列来表达暗含的逻辑关系。句子结构虽然看似分散，形式上不完整，可能缺少了一些句子成分，但却暗含了内在衔接，在意义上是完整的。

英语句子就像一棵大树，大树的主干就是主句，而树枝就是各种短语和从句。汉语句子就像一根竹子，根据因果顺序或动作发生的顺序等来排列句子，各个分句呈线性递进，逐步交代句子内容。英语句子通过句式变换来丰富句子的结构性变化，表达自己的观点。

①我有一个问题，想请教你，你能帮我解答吗？

Can you answer a question which I want to ask and which is puzzling me ?

②我原本想 6 月 8 日去上海旅游，但不得不取消，这让我很失望。

It was disappointment that I had to cancel the visit I had intended to Shanghai on June 8th.

①中有三个动作：弄不懂→请教→回答。

②中有三个动作：原先打算→不得不取消→让我很失望。

从以上两个例子中可以看到，汉语句子是按照事情发生顺序或因果关系等来直线排列的；而对应的英语句子则与汉语不同，英语句子以主句为主干，利用从句或短语等树形结构来表达句子含义。

由于汉语句子是竹竿型递进的，没有英语句子中的树形从属结构。因此，中国学生在英语写作中经常使用简单句和并列句，较少使用复合句来表达思想。要想写出地道的英语作文，中国学生就要善于使用英语中短语、分词和从句等句子形式，减少简单句和并列句的使用。

3. 段落差异

英汉思维模式的不同会导致两种语言背景下的写作者在段落的结构、内容安排上都存在很大差异。其中最大的差异表现在段落发展上，英语呈现出直线式思维模式，而汉语多采用螺旋式思维方式。

在汉语中，段落发展是螺旋式的，一个段落根据自然发展，针对一个意思或几个意思进行阐述，螺旋式逐步阐述段落内容。汉语段落中的主题句不突出，主题句时有时无，段落的中心思想一般由读者自行体会。一个段落中可能包含许多内容，有些内容可能与段落的中心思想没有直接的联系。因此，在汉语写作中，一个段落中的内容没有明确的限制。在汉语写作中，作者的中心思想通过重复来实现，在一篇汉语作文中，之前论及的内容，在后面还会强调。因此，汉语段落是螺旋式发展的。

与汉语段落不同，英语段落呈现出直线式的发展模式。一个英语段落一般分为主题句、支持句和总结句三部分。

（1）主题句

从原则上讲，每个段落应该只论及一个主题，每个段落中的主题句是最关键的句子。主题句是对本段内容的高度概括，确定了本段的中心思想，能帮助读者迅速掌握段落内容。在英语写作中，写作者首先应用主题句来阐明自己的观点。一般主题句位于段落的开头，段落的其他内容应以主题句为中心展开，用以丰富主题句的观点。

主题句的形成过程一般是：事实→分类→结论。

事实：我的房间

①地上没有垃圾；

②有两盏台灯；

③有一台空调；

④有两扇窗户；

⑤有写字台和电脑；

⑥桌子很干净。

分类：①和⑥；②和④；③和⑤。

结论：This is a very clean room.

This room is very bright.

This room is well equipped.

（2）支持句

确定主题句后，需要用支持句来支持和说明主题句，即作者运用有说服力的证据来论证主题的观点，让读者理解段落信息，了解作者的思想、意图。支持句的关键在于紧扣主题、逻辑鲜明。一般情况下，每个段落都需要若干个支持句。每个支持句都应具有一定的说明性信息，通过事实依据来阐述自己的观点，让读者理解段落的中心思想。为使段落的主题清晰明确，支持句要具有充足的、具体的信息。

（3）总结句

①重述中心思想。总结句应重述段落的中心思想，起到点题和强调的作用。特别是在一个较长的段落中，更应通过总结句来重述段落的中心思想。作者可以通过转换主题句的词汇来描写总结句，但切莫简单地重抄主题句。

②概括段落要点。有时主题句没有概括段落要点，因为作者会在支持句中对段落要点作详细的论述。在总结句中概括段落要点可以使段落内容更加清晰，让读者容易掌握段落内容。

③阐述最重要的论点。有时一个段落会讨论一个论点的几个方面，这时作

者可以将最重要的论点放在段落末尾，使段落自然结尾。

④采用推论结束段落。在详细阐述自己的观点后，作者可以采用推论来结束段落。

4. 语篇差异

汉语写作强调言外之意，主要是含蓄和委婉的表达方式，形式上更为华丽。在中国人来看，这样的表达方式更加耐人寻味。汉语写作讲究循序渐进，通常都是先进行充分铺垫，然后自然地引出观点。英语写作强调直接阐明内容，不拐弯抹角。英语写作在表达上较为直白，首先将文章中最重要的观点表达出来，然后对观点进行阐述，读者能较为容易地了解作者的中心思想。

由于中西方在思维方式上存在差异，其在语篇组织上也存在差异。英语写作一般将重要的观点放在开头，即重心前置。一般来说，英语写作中的论点通常在首段提出，段落的主题句也为首句，句子的重点也在句首。汉语写作一般将重要的观点放在末尾，即重心后置。在汉语写作中，篇章的前部分篇幅较长，论证观点后进行总结，最后说出主要观点。

（1）汉语语篇模式

汉语写作注重意会，通常使用迂回式思维，即作者将自己的想法留到最后或者含而不露，让读者自己去体会作者的想法。由于中国综合的思维习惯，汉语语篇模式通常为螺旋式。在汉语写作中，作者不直接切题，而是通过含蓄、隐喻、迂回、断续等方式来阐述观点。中国学生习惯按照时间发展顺序阐述事物，这种思维方式可以称为具体——般型。

（2）英语语篇模式

英语语篇通常以主题句开头，直接阐明语篇的中心思想，然后在下文论述这一中心思想。英语语篇的发展模式呈直线式，具有先概括后具体的特点。麦卡锡（McCarthy）和霍伊（Hoey）将英语语篇分为以下三种模式。

①概括—具体型。这种模式充分体现了西方人的直线式思维模式，是英语写作中最为常见的模式，广泛应用于说明文和议论文中，还常用于记叙文和描写文中。概括—具体型的特点是作者将思想概括成全文的中心句或段落的主题句，然后具体论述说明。

②问题解决型。这种模式广泛应用于叙事性文体，说明文偶尔也使用这种模式。问题解决型的特点是先说明现状，提出问题，分析问题，最后提出解决问题的方法。

③对照—匹配型。这种模式一般存在于较长的语篇中，用于比较两种事物，

构成对比语段。

中国学生虽然已经掌握了一定的英语语言知识，但对英语写作结构的认识较少，在英语写作中表现出汉语思维模式，经常将汉语写作的结构应用其中，导致了文章不符合英语表达习惯的问题。中西方不同的思维模式造成了中国学生在进行英语写作时将汉语思维应用到英语写作中，虽然使用的是英语的词汇和语法，但却表现出了汉语的思维模式。因此，在英语写作教学中，教师要注意培养学生的英语思维模式。

英语写作能力是英语学习者应掌握的技能，它体现了学习者的交际能力。近些年高校学生的英语写作水平有了一定的提高，但他们深受汉语的影响，加之大部分学习者不甚了解英语文化和语篇模式。他们的作文可能不存在语法错误，但读起来却不太纯正。例如，在阐述一个论点时，不直接切入主题，而是拐弯抹角；围绕主题进行阐述，但却没有明确的观点。要想写好英语作文，学习者不仅要系统掌握英语语言知识，还要了解英语语言的文化背景，探索英语句子背后的深层文化内涵。

第二节　思维能力与写作动机对英语写作的影响

一、思维能力对英语写作的影响

随着国内英语写作研究的不断深入，对影响英语写作因素的研究也迅速发展。除上述讨论的母语水平和英语水平的影响外，思维能力也是影响英语写作的重要因素之一。这里讨论的思维能力指英语写作的构思能力，从这个意义上来看，作者的思维能力体现在英语写作的审题、立意、布局、论述四个方面。刘润清和文秋芳曾研究英语写作的思维过程，并确立了与思维写作过程相对应的内容作为参数，具体如下。

①审题对应文章的切题性；

②立意对应论点的明确性；

③布局对应文章的连贯性；

④论述对应说理的透彻性。

刘润清和文秋芳的研究对象为某高校英语专业学生的 120 篇英语作文。通过研究发现，在文章的切题性上，有部分学生对题目的理解和阐释出现偏差，这是因为这些学生对概念之间的关系判断以及对抽象概念的加工出现错误。

从论点的明确性来看，相当一部分学生存在分论点不明确的问题。

在文章的连贯性方面，只有极小部分的英语作文连贯性较好，相当一部分学生没有做到将作文素材有机联系在一起，保持中心论点和分论点之间以及分论点和分论点之间的逻辑性。

从说理的透彻性来看，相当普遍的问题是学生不能进行严密推理并提供恰当的例子，因此论点的说服力较弱。

出现上述问题的原因可以归结为作者在两大思维能力方面的缺乏，即逻辑思维能力和思辨思维能力。逻辑思维能力主要是遣词造句的逻辑性和语篇的衔接与连贯；而思辨思维能力主要是英语写作观点的新颖。

对中国学生而言，英语写作是二语写作的过程，中国学生需要根据不同的语言表达习惯和文化差异去提取和整合词语。在英语写作过程中，学生的注意力往往会更多地集中在提取合适的词语去表达观点上，可能无暇顾及文章的细节、逻辑等更深层次的内容，因此他们的作文就会出现颠三倒四、堆砌材料、衔接不紧密等情况，他们的整合、论述能力发展缓慢。

与逻辑思维相比，学生似乎更缺乏思辨思维能力。上海对外经贸大学教授黄源深早就指出思辨思维能力是英语学习者的软肋。受传统教育的影响，学生更加关注英语语言表达的准确性，而不是思想表达的深刻性。学生的英语作文往往循规蹈矩，缺乏新颖的、有深度的观点。这种现象就是黄源深所提出的“思维缺席症”。例如，在话题为“保护环境”的英语作文中，学生的观点多是植树造林、低碳交通等千篇一律的内容，深入而新颖的观点如同凤毛麟角一般稀少。

在英语写作教学中，教师除通过语言和技巧方面的训练来提高学生的英语写作水平之外，还应结合英语写作过程中的思维活动，科学训练学生的逻辑思维能力，如概括、抽象、综合、比较等，同时提高学生的思辨思维能力。思维能力的训练是一项复杂的系统工程，受很多因素影响，很难在短时间内取得较高的成效，因此，需要时刻保持思维能力训练的意识，还要做到循序渐进。

二、影响英语写作的思维能力

（一）逻辑思维

1. 衔接的含义

雅各布森（Jakobson）最早论及衔接这一概念，他曾于 1960 年探讨语篇中由模式和重复构建的语篇平行结构。

伯格兰德和德雷斯勒（Beau Grande & Dressler）认为，衔接和语篇的其他标准要相互作用，只有这样才能使交际顺利进行。

韩礼德和哈森（Halliday & Hanson）认为，衔接是语言系统的一部分，是语篇中的非结构性语义关系。衔接的潜力在于语言本身所具有的系统手段，如照应、省略、替代、指称、词汇衔接等。韩礼德之后将“替代”并入“省略”一类中。衔接是一个语义概念，体现语言成分之间的语义关系。当语篇中的一个解释取决于语篇中的另一个解释时就出现了衔接。衔接既保证了语篇内容的连续性，还构成了语篇的语义整体。

衔接是语篇的语言成分在语言的语法规则上进行相互连接，构成有意义的语义关系形式，被称为连接所有语言单位和模式的方法。衔接的主要手段是词汇手段和语法手段，还较少使用音系手段衔接。辨认语篇是否具有交际性的第一标准是衔接。

2. 连贯的含义

罗兰特·哈尔维克（Roland Harvey）最早提出连贯这一术语，他于1968年作的关于衔接与连贯关系的分析具有开创性意义。

温德森（Widdowson）在区分非语境化和语境化的语料研究中，提出了衔接和连贯这对术语。

范迪克（Van Dijk）认为，连贯是话语的一种语义特征，体现为话语中的词汇或句子解释之间的联系。

布莱恩和尤尔（Brain & Yule）认为，语篇的连贯性是听话人和读者在语篇理解过程中强加给语篇的效果。

伯格兰德和德雷斯勒认为，语篇是由概念和关系构成的语义网络，概念是人们大脑中能够回想的或可激活的具有一致性的认知内容构型，关系是同一语篇中同时出现的概念之间的关系。其中最常见的关系是因果关系和时间关系，因果关系是某一情况或事件影响另一情况或事件条件的方式，时间关系是事件在时间上的先后顺序。

语篇连贯关系要做到语句连贯、内容连贯和表达连贯等。

首先，要在语篇顺序上保持话题的一致性，只有句子或段落在话题和角度上一致，语义才能连贯，如叙述一件事情时，每个句子要围绕这件事情的话题，保持话题前后统一。

其次，保持顺序上的合理性，遵循一定的时间、空间或逻辑顺序，由先到后、由外到内、由近及远、由表及里、由主到次等，保持连贯句子之间的逻辑性，做到语音上的和谐、句式和类别上的统一。

最后，保持结构和内容上的一致性，运用词汇和句子呼应和过渡。语篇中常出现一些对偶句和排比句，这就要求句子要保持结构统一和内容类似，破坏了这种统一就失去了连贯性。用主动句或是被动句，用陈述句或是疑问句，也会涉及连贯问题，如用疑问句提问，就要用陈述句来回答。要注意复杂句中分句和分句间的转折、并列、递进、假设、因果等关系，破坏分句间的逻辑联系，就会影响到语义连贯。

3. 衔接与连贯

在衔接与连贯两者的关系上，韩礼德和哈森好像并没能做出一个完全一致的论述，他们认为句子间的衔接更为明显，因为它们是获得语篇机制的唯一来源。他们后来又认为，衔接是建造连贯大厦的基础。他们将衔接手段看作语篇连贯的必要条件。

韩礼德和哈森认为，语篇连贯除了衔接之外还需其他条件，如语域。衔接概念可有效地通过语域概念来补充，因两者可以有效地界定一个语篇。语篇是在这两方面都具有连贯性的语段，在情景语境方面是连贯的，因此在语域上也应是一致的。另外语篇本身也应具有连贯性，因此是衔接的。这两个条件缺一不可，而一者也不能包含另一者。

（二）批判性思维

1. 批判性思维的含义

批判性思维又称思辨能力思维，是一种辩证思维，不完全肯定也不完全否定。批判性思维是在人类的认识活动中的极具创造性的思维方式，是逻辑性、创造性和灵活性等思维品质的综合。批判性思维的主要特征是批判与继承。在批判性思维的过程中，严谨地判断思维材料，细致地检查思维过程，客观、全面地评判是非，缜密地进行分析与评价。

2. 批判性思维的特点

（1）独立性

独立性是批判性思维的基本特征，它要求人们客观独立地看待事物，并且在做出判断和决定时要小心谨慎。不唯书，不唯上，只唯实，排除一切干扰因素。独立性是批判性思维的起点。

（2）主动性

主动性是批判性思维的主要特征。无论遇到什么样的认识对象，人们都应该积极发挥自己的主观能动性，而不是无视外界的一切。无论在什么情况下，积极思考都要求人们具有旺盛的好奇心并有打破砂锅问到底的精神。只有当一个人能够主动地、严谨地提问时，他才能不断地激发自身的创造性思考。

（3）反思性

具有反思性的批判性思考需要人们具有自省精神，因此批判性思维又被称为“思维的再思考”。当认识主体已经具有一些观点和看法时，他应该具有自我批评和自我审查的勇气。他们还需要验证他们的思想观点是否与事实一致，依据是否可靠以及如何改进。对批判性思维的这些反思能够使人们困惑的事情变得清晰，进而帮助人们更加全面而客观地理解、推理和决策。

（4）综合性

批判性思维强调对事物的综合判断，因此要求人们能够多方面综合性考虑问题，而不能局限于片面的或某一方面的考虑。同时，当人们进行批判性思维时，应该拒绝中庸，反对偏见。人们应该从正反两个方面考虑问题，以把握事物的本质。

（5）合理性

批判性思维不应该像政治评论一样，它仅仅基于个体的认知和感情，也不能像否定论者一样，否定一切。批判性思维是开放的，宽容并尊重他人。它应该在感性认识和认真分析的基础上综合判断，并在获取所有信息和把握充分证据的前提下做出决策，因此批判性思维的结论总是科学的、令人信服的。

（6）创新性

批判性思维常常要求人们打破常规的思维方式，敢于怀疑和否定。它的创新性通常体现在能够质疑、否定和超越自身、他人、信仰以及理论等。

3. 批判性思维培养现状

批判性思维是语言学研究的热点。20 世纪 80 年代，许多国家开始将批判性思维纳入高等教育的人才培养目标。随着知识经济时代的发展，人才成为重要的资源，国家对人才的要求越来越高。在这样的背景下，英语写作教师要将教育学与英语教学相结合，注重培养学生的批判性思维。写作是一项高强度的思维活动，写作的全过程都需要运用批判性思维。

英语专业学生批判性思维缺乏的情况已经引起外语界的重视，许多学者从多个角度深入研究了思辨能力缺乏的具体方面，并得出了许多调查数据。英语写作思辨能力的构成也能从这些实证研究中找到佐证。

文秋芳对国内高校学生思辨能力的特点进行了研究，研究对象为国内 50 余所高校的 2 万名学生，研究数据获取方式为问卷调查。研究发现，国内高校不够重视培养学生的思辨能力，对学生思辨能力的研究较少，具体表现在以下几方面。

①在英语教学中，教师只重视培养学生的发散思维和创造性思维，忽视思辨思维的培养。

②在英语教学中，教师只注重培养学生的逻辑推理能力，思辨能力的培养意识不足。

③思辨能力的测评工具直接翻译国外量具，忽略了文化差异的影响。

④没有形成科学的思辨能力课程体系。

在英语写作教学中，高校对学生的批判性思维的培养重视不足。相当一部分学生的英语写作只是千篇一律、立意浅显、辞藻堆砌、内容空洞、缺乏新意。特别是在议论文写作中，学生常常感觉无话可说，文章内容单一、论证不清、逻辑混乱、观点模糊。因此，教师应注意培养学生的批判性思维。

4. 批判性思维的重要性

（1）活跃学生思维

在英语写作中培养学生的批判性思维能够使学生的思维活跃，善于接受各种观点，能善于发现问题，多角度分析问题、全方位地看待问题和论证问题。学生的英语写作思维与评价机制有关，目前考试评价的重点都还停留在语言是否准确流畅上。英语写作遣词造句的过程就是将思维条理化的过程，在检验阶段需要重新理清自己的思维，进行改进的过程就是提高思维能力的过程。因此，在英语写作教学中，教师要重视培养学生的思维能力，启迪学生的思维。

（2）培养求证精神

在英语写作教学中培养学生的批判性思维，能使学生具有求是精神，不凭借主观臆断，而是寻求证据，形成科学结论。当今英语写作教学只注重培养学生英语语言知识和写作技巧，评判学生英语作文的标准也侧重于语言形式和作文结构方面，导致学生的辩证思维能力和逻辑思维能力较差。这进一步说明，学生在思维能力培养方面存在缺陷。因此，英语教师需要改变目前这种情况，重视培养学生的批判性思维。

（3）提高解析和评价能力

在英语写作教学中培养学生的批判性思维，可以使学生的解析与评价能力得到提高。只有具备解析和评价能力，学生才能解析问题并且发现它们的不足和错误，评价作文的准确性和连贯性，觉察出已经表明和未表明的立场、意图和观点。

学生的解析能力和水平主要体现在他们的分析与综合、抽象与概括能力上；学生评价能力主要体现在他们的换位思考能力、评判能力、发现并解决问题的能力上。这些能力都要求具有批判性思维。因此，写作教学过程中注重学生批判性思维能力培养能够很好地锻炼他们在解析能力过程中产生新观点，在表述过程中融入个人的反思和评判。

（4）培养创新思维

在英语写作教学中培养学生的批判性思维，能使学生具备创新意识，提高创新思维能力，进而使学生的英语写作观点新颖。

英语写作是一个思维创建的过程，立意、构思、成文、修改都需要运用批判性思维。因此，在英语写作教学中，教师要从英语写作的全过程入手，培养学生的创新性思维能力。立意创新就是让学生善于发现问题，敢于质疑别人的观点，提出新颖的观点；构思创新就是让学生从多方面考虑问题，丰富作文素材；成文创新就是将思维条理化，充实作文内容；修改创新就是要学生更新观点，重新审视作文，在改进作文的过程中发展思维能力。学生要在写作材料的分析、概括、抽象、综合中发现问题、解决问题以及评价问题。

三、写作动机对英语写作的影响

（一）动机的含义

动机是驱使人们活动的一种动因或力量。动机的功能可分为两种，即唤醒功能和指向功能。唤醒功能是指对于某一事件，具有动机的人比不具有动机的人唤醒水平要高；指向功能是指动机驱使人进行有指向性的活动。

（二）学习动机

1. 学习动机的含义

教育心理学认为，学生的知识学习过程受到多种因素影响，如动力因素、认知因素和社会因素等。认知因素是影响学生知识学习的重要因素，非智力因素也是影响学习的重要因素，而动机在非智力因素中处于重要地位。学生能否成功学习的关键因素之一就是能否激发学生的学习动机。学习动机是激发并维持学生的学习活动的一种内部心理状态，学习动机能使学生的学习行为朝向一定的目标而努力。

2. 学习动机的分类

学习动机的分类是学习动机研究的重要内容之一，但如何对学习动机进行分类，是国内外学者争论的问题，许多学者都存在不同的观点。

20 世纪 50 年代后期，加德纳（Gardner）和兰伯特（Lambert）从社会心理学角度出发，提出了学习动机可分为工具型动机和融合型动机两种。这种观点被大多数学者认同。工具型动机强调语言的实用性，如通过测验；而融合型动机强调语言的交际性，如与目的语的社团进行交际。这两种学习动机都强调了语言学习环境的重要性。

加德纳和兰伯特在二语习得的社会教育模式和社会心理模式的基础上，创建了加氏体系。加氏体系包括一系列调查工具、测量工具和研究程序等。其中动机测验量表仍是如今调查语言学习动机的重要工具。他们的社会教育模式强调学习动机的社会性，学习动机的内容主要包括：目标、努力的行为、实现目标的愿望和积极的态度。

布莱恩（Brown）通过研究居住在美国的外籍学生的学习动机，发现他们学习语言的动机不仅是达到学术目的，还希望了解目的语社团的文化，融入目的语社团。布莱恩认为，工具型动机与融合型动机是相互依存的，学习者在学习外语时将工具型动机与融合型动机结合在一起。

20 世纪 60 年代，二语习得研究领域中对学习者个体差异的研究成为热点问题。学习动机是影响学习者学习的内在因素中极具能动性的因素。加德纳和兰伯特等人基于社会心理学的研究是研究语言学习动机的主导模式。

20 世纪 90 年代，国内外学者开始从多个视角对外语学习动机进行了深入研究，如认识心理学、生理学、社会学、社会心理学等，并提出了一些重要的学习动机模式。在学习动机的研究中，大多数研究都是基于学校和课堂教育环境的。因此，学校教育与学习动机相结合成为一个研究的重点。

从教育心理学视角来看，学习动机可分为两类，即内在动机和外在动机。外在动机基于某种工具型目的，学生学习外语是为了达到某些目标，如获得表扬和奖励等。学习活动只是达到目标的手段。

内在动机是学习者将学习外语本身作为学习目标，从而引发学习的动力，学习者在学习外语本身的过程中能获得愉悦，将学习活动作为一种享受。内在学习动机能调动学习者本人的积极性，培养学习者本人的能力。内在动机是学习者为满足个人兴趣爱好，提高个人能力的一种自然趋向。内在动机主要存在于学习者本人的态度以及学习活动本身的吸引力、趣味性。学习者有了内在动机就不需要受外界的刺激。内在动机可分为以下三类。

①知识型内部动机；

②成就型内部动机；

③刺激型内部动机。

布罗菲（Brophy）认为，外在动机和内在动机都非常重要。人们的许多活动都是由外在动机和内在动机共同作用的结果。例如，教师可以采取一定的激励措施来调动学生的积极性，但这种做法不能起到长期作用。如果教师只依靠内在动机来激励学生，长此以往，学生就会失去学习外语的兴趣。因此，教师在激发学生内在动机的同时，还要给予一定的外在动机。

克鲁克斯（Crookes）和施密特（Schmidt）认为，长期动机是指维持时间长的动机，在学习者的脑内相对稳定；短期动机是指维持时间较短的动机，主要是学习者的兴趣、需求以及好奇心等，在学习者的头脑中相对不稳定。加德纳和兰伯特也曾论及长期动机。他们认为，大多数内在动机属于长期动机，但有时外在动机也能成为长期动机。克鲁克斯和施密特提出了以下几种主要的动机因素来描述外语学习。

①兴趣，指已知的学习者的愿望、爱好。

②相关性，指学习者的愿望、爱好与外语课程的联系。

③预期，指学习者对个人目标实现程度的预判。

④满足感，内在成就感与外在分数、表扬的结合。

德尔涅伊（Dornyei）在此基础上又加上了课程特定动机组因素和集体特定动机组因素。课程特定动机组因素包括以下内容。

①学习动机社会化，包括学生对课程的兴趣以及为此付出的努力。

②附属动机，主要是满足教师的愿望。

③任务动机，主要让学生了解学习活动的目的。

④权威类型，教师在课堂中控制学生的决定还是与学生共同做出决定。

⑤反馈，包括信息性反馈和控制性反馈。信息性反馈主要评价学生的能力，控制性反馈主要是根据外部因素反馈学生的表现。

集体特定动机组因素主要包括以下内容。

①目标定向，主要是集体所追求的一致的目标。

②目标结构，主要指目标是合作性还是竞争性的。

③准则与报偿体系，主要是集体所实行的集体标准。

④集体凝聚力，主要是联系集体成员管理的力量。

学习活动是能让学习者感受到快乐的，学习材料、学习任务都能调动学习者的学习动机。教学是一项很容易改进的活动。动机既影响开始的特定学习目标，还指引学习活动的方向。动机在指引各种达成特定目标的行动时，能将许多单独的反应转换成有意义的行动。因此，学习者应确立定向目标以及达成目标的手段，如兴趣、计划、任务等。

穆思（Moose）和比格斯（Biggs）将学习动机分为以下几类。

①外部动机，主要指学习者的学习动机指向通过学习能带来什么，不指向学习过程，也不指向学习结果本身。

②内部动机，主要是学习者本身对学习活动感兴趣，是学习者自发地进行学习，而不是学习之外的因素调动学习者的学习兴趣。

③成就动机，学习者为满足他人的期望或在竞争中获胜等，从而获得自身的成就感或满足感，而激发的学习动机。

④社会动机，学习者学习的目的是达到某种人际关系的和谐。

文秋芳依据刺激—反应理论对学习动机进行了分类，即表层动机和深层动机。表层动机是指由表面的物质刺激产生的学习动机，如高分、高工资、好工作等。深层动机是指由深层的非物质刺激产生的学习动机，如满足个人需求、爱好等。

高一虹等人根据全国性大样本研究，总结出学生的七种动机，现在许多实证研究都基于这七种动机。这七种动机可以在概念上分为三类，即工具型、情境型和文化型。七种动机类型具体如下。

①内在兴趣，主要是学习者对目的语的内在兴趣，学习者不一定将融入目的语社团作为目标。

②学习情境，主要是学习者的学习环境，属于情境型动机。

③个人发展，主要是学习者的个人发展需求，属于工具型动机。

④学习成绩，着眼于短期绩效，与证书型动机类似。

⑤信息媒介，主要是学习者获得目的语的信息媒介，属于工具型动机。

⑥社会责任，主要指向母语文化，包括实现家人的愿望、推动国家发展、宣传中国文化等，兼具工具型与文化型两种色彩。

⑦出国，主要是学习者将出国作为目的而去学习目的语，以融入目的语社团，具有工具型和文化型两种动机色彩。

学生的学习动机复杂多样，是在社会生活环境和教育的影响中逐渐形成的。不同的社会生活环境和教育对学生有着不同的要求，因此不同学生的学习动机是不同的。

3. 学习动机与学习的关系

①在学习活动的起始阶段，学习动机对学习起激发和定向作用。无论一个

学生的学习动机是什么，它都在学习活动的起始阶段起激发和定向的作用。学习动机激发了学生的学习欲望，使学生的行为指向学习活动，而不是看电视等，这就是动机的激发和定向作用。

②在知识获得阶段，学习动机对学习过程起维持和调节作用。学习往往伴随着努力付出和困难，而学习动机在学生漫长的学习过程中起到调节和维持的积极作用。学习动机强的学生与厌学的学生相比，注意力更集中更持久，思考更积极主动。当面对外界干扰或遇到学习困难时，也能更好地进行调节。

③在知识的保持和提取阶段，动机可利用阈限来影响知识的提取效果。适度的动机阈限有利于知识的顺利提取。适度的学习动机水平更能使学生获得好成绩。在动机强度和学习效率的关系上，耶克斯 - 多德森定律对学生有很大的启发作用。耶克斯 - 多德森定律认为，在一定范围内，学习效率与学习动机呈正相关，即学习效率会随学习动机的增强而提高，达到最佳学习效率后，学习效率与学习动机呈负相关，即使学习动机增强，学习效率也会下降。学习效率同时还受到学习任务复杂程度的影响。在高难度的任务中，学习效率反而会由于学习动机的增强而下降，即随着学习任务难度的增加，动机最佳水平逐渐下降。从耶克斯 - 多德森定律得知，要培养学生学会根据不同的学习任务，有效地自主调整学习动机，避免因强度过低或过高对学习造成干扰。

（三）英语写作动机

英语写作学习同其他学科的学习一样，需要激发学生的学习动机。国内外相关研究表明，学生在课堂中学习的动机主要是“成就动机”。成就动机一词由美国心理学家默里（Murray）首先提出，指一个人愿意去完成某些有价值的活动，并力求达到完美的一种内在推动力量。成就动机由三种内驱力构成，即认知的内驱力、自我提高的内驱力以及附属的内驱力。

①认知的内驱力以认知为目标，以获得知识为动机，满足这种动机的奖励是由学习本身提供的。教师应通过提高学生对获得知识的兴趣，来提高学生的认知的内驱力，属于内部动机。

②自我提高的内驱力是学习者为实现个人发展，获得相应的学习或工作能力，以赢得相应的地位来实现成就，属于内部动机。

③附属的内驱力是学习者为获得家长或教师的认可而产生的动机，属于外部动机。

在英语写作课堂中，学生的学习动机不仅包括内部动机，还包括外部动机。作为英语教师，既要激发学生的内在学习动机，让学生主动地去学习，还要提供外部动机，给予学生一定的外部支持。

默里认为，成就需要是一种普遍的需要。勒伦(Cleland)认为，在遇到问题时，成就动机高的学习者毅力较强，即使他们失败，也会继续努力，直到解决问题。他们将失败的原因归结于自身的原因，而不是运气不佳或问题过难。

一般来说，英语写作学习的动机都受到以上三种内驱力的影响。动机犹如一种“催化剂”，可以使学生在学习过程中不断努力，集中注意力。但动机过强，也会使人激动、忙乱而影响思维。因而，在学习活动中不能对学生要求过高，频繁进行英语写作练习也会适得其反。

张一曾研究写作者的写作动机与写作水平的关系，研究对象为某高校英语专业的学生，采用问卷调查和布置写作任务的研究方式，写作成绩评定采用雅各布量表，数据研究使用写作成绩的平均分数，使用 SPSS13.0 软件进行相关分析，计算出写作动机与写作水平的相关系数。张一将写作目的、写作兴趣、写作需要、写作焦虑、努力程度作为写作动机的变量。通过分析数据，张一发现写作目的、写作兴趣、写作需要、努力程度能提高学生的写作水平，而写作焦虑会阻碍学生写作水平的发展。

英语教师要在英语写作教学中激发学生的写作动机，特别是内在动机。教师既要教授学生写作结构和写作技巧，让学生写出正确的句子和完整的结构。这是英语写作教学的关注点，也是有效教学的目标，但不是最终目的。在英语写作教学中，英语教师侧重于学生英语语言知识的发展。这是因为，教师强调显性的写作目的，而忽视了学生的写作动机，或者将写作目的与写作动机混为一谈。实际上，写作动机是从学生内心出发的一种学习需求或欲望，而写作目的是从教师角度出发的对学生写作的一种预期。写作动机与写作目的之间关系密切，写作目的的实现能激发学生的写作动机。只有真正激发学生的写作动机，才能让学生真正产生写作的兴趣，进而实现写作目的。

上述对于影响英语写作因素的分析在于指导英语写作教学，提高学生的英语写作水平。需要注意的是，各种影响因素与英语写作水平之间的静态与动态相关性是存在一定差异的。英语写作教学是动态的过程，静态相关性不是决定动态教学的唯一因素。英语写作水平形成的过程也是动态的过程，应围绕动态教学过程，将教学重点放在英语语言知识以及英语水平等可控因素上，而不是单纯地依据静态研究结果中影响因素的相关性程度而确定各分项能力的教学力度。在英语写作教学中，教师要遵循英语教学的基本原则和规律，做到具体问题具体分析。

第三章　英语写作教学方法

英语写作是英语学习中重要的环节之一，对其理论和模式的研究也一直处于不断探索的过程。目前，我国对于英语写作目标的认知是在传授与感悟写作的流程中取得的，在实际的教学工作中，应寻求适合当代学生的教学方法，只有这样，英语写作教学才能获得成效。本章主要针对英语写作的教学方法进行研究探讨，分为四个部分：结果教学法、过程教学法、体裁教学法以及各种教学方法的比较与结合。

第一节　结果教学法

一、结果教学法相关理论

（一）结果教学法的含义

结果教学法的产生与当时教师的英语写作观念有关。二十世纪六十年代，英语教师普遍认为，写作是英语学习的结果，只有将教学和研究的重点放到文章上才是提高写作技能的关键。于是当时的写作教学重点包括教授文章的结构、语言使用的准确性以及思想感情的表达等内容。而由此产生的结果教学法就延续了这种教学观念，将句子层面的写作作为教学的主要模式，要求学生掌握语法和造句的能力，从句子到段落再到文章，进行一步一步的练习，最后呈现出写作的结果。

结果教学法的过程可以分成三大阶段，第一阶段由学生和教师共同完成——分析范文，第二阶段由学生完成——练习写作，第三阶段由教师完成——批改作文。

结果教学法虽然重点强调的是结果，但在每个教学的部分也都有一定的着重点。例如，句子教学，应注意词汇、句式、语法的应用的准确性；段落教学，应注意主题句、衔接句和段落的结构层次；篇章教学，应注意整体的语言规范、逻辑结构以及写作质量。写作中常见的结构模式有下定义、分类别、描述发展过程、揭示因果关系、对比相同点与不同点等。

结果教学法以教师为中心，重在知识输出，是目前使用最为广泛的一种英语写作教学方法，国内的大部分英语写作教材都是以这种方法进行设计编写的。

（二）结果教学法的理论基础

1. 行为主义理论

结果教学法的理论基础是行为主义理论。在行为主义理论之前，桑代克的一系列关于学习的定律解释了学习的实质即有机体形成“刺激”与“反应”之间的联结。这是最早从刺激—反应心理学角度解释学习行为的理论。后来，巴普洛夫的条件反射理论也为刺激—反应心理学增添了有力依据，揭示了如果生理机制达到一定程度的刺激练习，那么它对学习是能够产生巨大影响的。再后来美国著名行为主义心理学家斯金纳又提出了操作性条件作用理论，认为教学这种行为，特别是在语言教学中，起着极其重要的作用。结合以上几种观点，行为主义理论对写作这种行为的解释可以概括如下。

①写作是一个行为养成与固化的过程，这种行为是被动的。只有不断给予学习者刺激，让学生做出反应，循环往复，写作才可以熟能生巧。

②写作教学内容主要从语言的基础知识入手，并夹杂着许多写作的活动形式。例如，在训练学生词法句法时，教师会要求学生对例句进行仿写或用适当的单词扩写句子；在训练段落结构时，教师会要求学生组合例句，使其成为语句通顺的段落。

③写作的质量即写作结果是结果教学法中最为注重的部分，也就是说，教学重点应放在语法的正确性和篇章结构的合理性上。在教学任务完成后，教师需要对作文的内容、结构、语法等方面进行详细的批改。

2. 结构主义语言学

除了行为主义理论外，结构主义语言学也是结果教学法的基础理论之一。结构主义语言学认为语言本身就是一个完整的符号系统，系统内部各个元素相互影响，自给自足，并具有明显的层次结构，因此，针对语言结构各个层次的描写，需要对每一层的对立成分进行详细的分析和解读。

无论是行为主义理论还是结构主义语言学，都认为语言是一种习惯，它的习得需要通过外界条件的不断作用，也就是说语言的掌握过程即习惯的形成过程。

（三）结果教学法的实施模式

1. 分析范文

分析范文即讲解范文、分析范文特点。在这一阶段，教师会选取一些较经典的文章进行讲解，重点分析文章的语言特点、修辞手段以及结构模式，让学生了解到一篇优秀的作文需要具备的条件和内容。

2. 控制性练习

控制性练习阶段的主要任务是让学生掌握总结句式的方法。在这一阶段中，教师就范文中所出现的常见句式、短语或单词要求并指导学生进行替换练习，通过在练习中设置各种各样的规定，引导学生从语句写作向段落写作过渡，从而掌握基本的写作方法。

3. 指导性训练

指导性练习阶段的主要任务是让学生进行模仿范文的写作练习。由于经过前面两个阶段的学习和训练，学生具备了一定的写作基础，这时进一步加强训练，利用学生所掌握的句式、段落结构以及修辞手法进行范文的模仿练习，能有效地提升学生运用语言的能力。并且指导性训练相比于控制性练习最大的不同是给予了学生一定的写作自由，学生在写作内容上可以进行适当的发挥。

4. 自由写作

自由写作，顾名思义就是让学生自由发挥，独立完成写作。在这一阶段，学生经过前面几个环节的讲解、模仿和训练，已经可以将写作技能作为自身技能的一部分，并独立完成写作任务。

5. 批改作文

批改作文是结果教学法的最后一个步骤，也是检验学生学习成果的重要步骤。在这一阶段中，教师的主要工作就是对学生的写作进行修改、批注和评分。由于结果教学法将结果的质量视为教学工作的重点，因此，批改作文的过程也被视为检验教学成果的过程。

（四）结果教学法的优势

1. 培养语言思维

语言思维能力的形成需要一定程度的模仿练习，而结果教学法的核心思想就是模仿和训练，也就是说结果教学法从一定程度上有利于语言思维的形成。语言学习的重点在于培养语言思维能力，语言思维能力可以通过一定的模仿练习逐渐提升，只有先掌握了语言在客观上所显示出来的内容，才能透过现象看本质，形成语言思维。

2. 养成写作习惯

结果教学法是以行为主义理论为理论基础的，强调了语言学习的过程中外界因素的刺激作用，外界刺激的程度越大，学习者关于语言学习的成果就越有效。因此，采用结果教学法的教师会不断地让学生进行范文的模仿训练，让学生养成英语写作习惯。

3. 应对写作比赛

结果教学法看重的是教学结果，因此在训练学生写作时非常注重写作的整体质量，无论是语言的准确性、逻辑的合理性还是结构的清晰性都是其训练的重点。学生通过大量的模仿练习，在较短的时间内可以迅速提升写作能力，这对于参加英语写作比赛的学生来说，是一个效果非常显著的方法。此外，结果教学法也非常适应当今的教学模式，就连许多教学参考书都是以结果教学法为模板进行编写和创作的。

（五）结果教学法的不足

虽然结果教学法在提高学生英语写作能力方面发挥着非常显著的作用，但它也存在着许多不足之处。

①从整体的教学效果来说，结果教学法只是将英语写作作为一种死板、固定的语言输入和输出过程，没有充分考虑到写作过程的复杂性和情感性。英语写作成了范文的模板练习，课程学习变得单一而枯燥，不能形成良好的课堂效应。

②从学习者的角度来说，结果教学法没有为学习者提供更加自由的想象和创作空间，写作的内容并非作者所想，表达的思想并非作者所愿，久而久之，学习者会逐渐丧失写作的兴趣和动力，对写作产生排斥的心理。

③从写作的成果来看，结果教学法将写作质量同教学效果画上等号，目的

性和功利性过强，导致最后的结果事与愿违。经过这种教学法训练出来的写作产物通常都存在着千篇一律的特点，不仅内容平淡无奇，在语言、结构等方面也枯燥无味、生硬雷同。

二、结果教学法实例分析

（一）范文分析

1. 选取经典范文进行展示

Dear Mr. Brown,

I am writing to extend my sincere gratitude for you timely returning admission ticket to me.

If it had not been for your assistance in warm-heartedly picking up my admission ticket and getting it back to me， I fear that I would have been missing my law exam held for once a year.

Again， I would like to express my warm thanks to you! Please accept my gratitude.

Yours sincerely,

Jane Yang

2. 仔细分析范文结构及内容

我们可以看出这篇文章的体裁是一封感谢信。关于感谢信，我们需要知道以下三点。

①感谢信的格式。

②感谢信的内容。

③感谢信的语言。

首先，感谢信属于书信中的一种，因此，在格式上应按照书信的格式，将开头、正文、结尾三部分划分好段落，使结构清晰明了。

其次，感谢信应包含写信人、收信人、感谢原因以及感谢的话语等。

最后，感谢信的目的是让收信人感受到写信人的真诚以及收信人善举的意义，因此在语言表达上应开门见山、直入主题，让收信人充分感受到你的情感。

（二）控制性练习

在这一过程中，将以范文中所呈现的句式、段落结构作为练习的重点，让学生进行各种形式的模仿练习，例如，通过填空、提问、提示词或判断正误的方式对范文进行回忆、仿写、替换等。学生在这一过程中不断练习句子的表达和内容规范，并在教师的指导下渐渐过渡到段落的写作。

（三）指导性练习

在这一过程中，教师会适当地给予学生一些自由的写作空间，只围绕感谢信的框架进行从句子到段落的表达，并通过方式这种培养学生充实文章内容以及表达语言的真实感。

（四）自由写作

在这一环节，教师完全将写作的任务交给学生，让学生用所掌握的知识点以及文章结构等完成写作。

（五）批改评价

这是结果教学法的最终环节，也是最受关注的地方。通过结果教学法指导的文章在结构和整体语言上会有一定的相似性，尽管如此，教师也会认真对每位学生的作文进行修改和评价，总结作文中的问题，规范作文语言，提高作文质量。

第二节　过程教学法

一、过程教学法相关理论

（一）过程教学法的含义

过程教学法的含义是将英语写作视为一个过程，在这个过程中，相比于写作成果，写作过程中培养的技能和思维才是最值得关注的地方。过程教学法将写作视为一个循环往复的过程，这个过程包括心理认知过程、思维创作过程和社会交互过程。通过给学生创造一个轻松、自由的写作氛围，来提升学生在写作过程中的认知能力、交互能力以及书面表达能力。除此之外，过程教学法还强调要有目的地学习，关注写作技能和写作内容。

关于过程教学法的研究，国内外各学者都给出了自己的观点。过程教学法的首创者道格拉斯先生认为写作是一个过程，写作课所教授的内容应是构成写作过程的方法。美国的麦肯齐和汤普金斯是将过程写作法应用于英语作为第二外语教学实践的两位先驱，他们认为过程教学法更适合运用在英语写作中，尤其对于母语为非英语的学习者来说，这一教学方法能更好地提升他们写作的能力和水平。过程教学法因其科学性和合理性流行于世界各个国家，在西方甚至成为写作教学法的主流教学法。

（二）过程教学法的理论基础

1. 认知主义理论

认知主义理论是通过研究人的认知过程进行学习规律探索的理论，而给予认知主义理论的过程教学法就是在英语教学的过程中，将写作当成一个英语学习的认知过程，通过不断地让学生自主探索原理而加深写作意识，并进行充分的交流和探讨，从而提升写作水平。认知主义理论主张学生积极主动地学习知识，反对消极被动地接受知识，只有学生在学习的过程中养成独立思考、勇于探索的习惯和思维，才能更好地帮助学生学习和运用语言。

以过程教学法为教学手段的英语写作教学和以结果教学法为教学手段的英语写作教学相比，在教学目标上有着截然不同的理念，前者注重过程学习，目的是培养学生的思维能力和语言交际能力，而后者则注重结果，目的是规范学生英语写作的语言和结构。两种方式同样是对知识的输出，但由于目标的不同、培养方向的不同，导致最后的结果也是有差异的。经过过程教学法教育的学生更能准确地表达自己的思想内容，并拥有自己的风格。客观上来讲，过程教学法在英语写作教学中更加考虑到学生不仅限于英语模板的需求，更具有人性化的特点，以过程教学法为主的英语课堂也更加富有创造性和活力，受到学生们的喜爱。

2. 交际教学法

过程教学法的另一理论基础是交际教学法。交际教学法是根据语言学家海姆斯（Hymes）的交际能力理论和韩礼德的功能语言理论形成的，强调以沟通和交流为目标进行英语教学，也是目前使用较为广泛的英语教学方法。

交际教学法的特点有以下两点。

①语言的核心目标是交流。

②比学习更有效的语言学习方法是交流和沟通。

以上两点都充分体现了交流在语言学习方面的重要性，而在过程教学法中也有着类似的体现。例如，在英语写作内容方面，语言知识的学习已经被语义、语域、文体、文化等方面的延伸所代替，写作目的也不仅限于写作能力的提高，关注的重点还包括学生语言能力的表达以及分析社交场景、读者心理、交际目的、交际效果等。

以交际教学法为理论基础的过程教学法肯定了教学中教师的指导作用和学生的能动作用，与机械的教学相比，过程教学法创造的课堂环境更能激发学生的学习兴趣、提高课堂教学效率以及学生的综合能力。

（三）过程教学法的实施模式

1. 预写

预写就是写前准备，是写作前对内容、结构的构思，包括写作材料的收集、写作内容的讨论以及写作初步腹稿的形成。预写可以分为以下四个阶段。

①审题阶段。这一阶段中，主要是教师对写作题目进行解释和分析，更好地帮助学生理解题目的要求和重点。

②头脑风暴阶段。在这一阶段中，学生可以进行独立思考或小组讨论，将所要表达的思想记下来。

③阅读阶段。在这一阶段中，学生需要阅读与写作主题相关的资料和文章，从文章中汲取想法和观点。

④列提纲阶段。在这一阶段中，主要进行观点的陈列和总结。由于在之前的步骤中，学生已经进行各种充分的准备工作，收集了各种各样的想法和观点，但需要对这些想法和观点进行总结和筛选，以便形成更好的逻辑结构，因此，需要将其列入提纲，以供参考。

2. 写作

经过了前面的预写过程，学生开始进入初稿写作阶段。在这一阶段中，学生需要将自己整理过后的观点完整地呈现出来，在写作过程中，要时刻把握好写作的方向。这一阶段的重点应放在内容表达上，不必过多地考虑构思的句子是否正确、选词是否得当等形式问题。教师在这一阶段主要起到引导的作用，比如组织学生讨论、回答学生的疑问、帮助学生理清逻辑思路、及时反馈信息等。写作应是一个构思、修改、再构思、再修改直至完成写作的过程。

3. 修改

（1）同学互评

同学互评就是通过小组或结伴的形式，让学生进行作文交换，并对交换的作文进行内容上的评价。

（2）修改重写

在这一过程中，依据的主要信息为同学互评的反馈信息。当收到反馈信息后，学生应根据问题一一进行问题的修改，修改的方式既可以以个人方式进行，也可以小组的方式展开。

在修改重写时，需要考虑以下问题。

①文章主题是否突出。

②内容是否充实、段落结构安排是否合理。

③文体是否恰当、句型是否正确。

④有无语法错误、用词是否得当。

⑤语句表达是否准确。

⑥内容与写作目的是否一致。

⑦开头、结尾是否合理。

⑧细节是否典型、充实、富有条理。

⑨论点、论据是否正确。

⑩有无大小写拼写等技术性错误。

（3）教师批阅

教师批阅就是对学生的作文进行检查和修改，通常对学生的二稿进行评价。

在批阅的过程中，教师会进行三遍阅读。

第一遍是诵读。主要目的是了解文章的大概内容。

第二遍是写评语。提出作文中所包含的优点和缺点，并针对缺点给出自己的建议。

第三遍是标记。主要目的是指出文章中要修改的错误，如语法错误、用词不当的错误等。批阅时避免使用红色标记，以防挫伤学生的积极性。

（4）师生交流

教师和学生进行个别交流，让学生讲述文章的大意，回答教师在评语中提出的问题。在解决内容方面的问题以后，就文章中的语法问题进行提问，对学生语法错误中的普遍性错误设计补救课程，讲述相应的语法规则并进行练习。

4. 定稿

学生把从各方面得到的意见汇总，重新思考修改以后，完成最终作品。学生把成稿和所做的各种笔记提纲、初稿等交给教师，教师对文章的总体内容及可读性做出评价同时还要指出成稿与初稿相比有何改进。

（四）过程教学法的优势

①过程教学法提高了学生在课堂中的主体地位，一切活动从学生角度出发，体现了更加人性化的教学。

②课堂活动的形式发生变化，使每位学生都有机会参与到活动中去，这对于学生课堂参与性和写作积极性都有着很大的提高，更有助于激发其想象力和创造力。

③在过程教学法的实施阶段，学生与教师之间不仅是师生关系，还是同伴关系。在教学的过程中，教师与学生相互配合，更好地激发学生各种潜力，并有助于综合能力的提高。

④过程教学法重视每一步的教学过程，当然也包括反馈和评改阶段。在反馈阶段，学生充当两种身份，反馈者和被反馈者，不仅将自己的不足呈现给教师，还可以接收到教师对其评价和建议。在评改阶段，不仅可以以作者身份进行自评，还可以和教师以同伴的方式进行互评。

⑤有利于学生掌握写作过程和写作技巧。

⑥培养学生的思维能力、自主意识以及沟通交流的能力。

（五）过程教学法的不足

①过程教学法看似能让学生自由发挥，而学生确实需要语法结构，需要模仿，需要提高各种写作技巧。

②过程教学法只强调写作过程不像结果教学法那样让学生一次性完成作文，这使得学生没有足够能力应对各种写作考试，而过多进行小组评阅会使学生不能正确评估自己的写作能力。

③有可能混淆第一语言写作和第二语言写作的区别，让人误以为所有写作都经历同样的过程。

④忽视第二语言写作的难度，没有给予写作产品的质量足够的重视。

二、过程教学法实例分析

Cell Phone：Good or Bad?

根据教材的内容，设计了写作题目：随着我国经济的快速发展，人民的生活水平不断改善。通信业日新月异的发展使得手机使用普及化，成为人们日常生活的必需品。对此种现象的利弊人们看法各异。你对此的观点如何？请简要说明其利弊，并表达自己的观点。

（一）写前准备

1. 导入

借助多媒体教学，利用图片、视频等手段把手机在日常生活中的使用直观地呈现在学生面前，引出本次写作练习的主题，并提出一些引导性问题，启发学生思维，引导学生积极发言。

2. 头脑风暴

启发学生根据确定的主题，迅速地搜索头脑中已有的知识，把所有想到的与主题相关的词汇和短语说出来，不必考虑用词是否得当、语法是否正确等问题，也不要求表达非常完整。因此，此时学生反馈出的信息顺序往往零散杂乱，表达也不算地道。

在该环节中，教师鼓励每个学生尽可能地多说，把自己的思维结果用语言表达出来。此时，无关发音、对错、用词、语法，只要表达自己的所思所想即可。这样做能使学生卸下包袱、消除畏惧，大胆积极地表达自己的观点，而教师则作为记录员把这些信息罗列在黑板上。

3. 分组讨论

在个人头脑风暴过后，将学生分为五人一组进行分组讨论，要求每一小组对罗列在黑板上的信息展开进一步讨论、扩充和整合。同时，还要求每一组挑选一位学生作为该组的组长，鼓励每位小组成员发挥自己的想象力，把自己的想法表达出来，由组长把这些有用的句子记下来。在此期间，教师巡视整个教室，关注每一组的交流讨论，在学生有需要时给予一定的帮助。最后讨论结束由每一组的组长代表该组发言，总结讨论结果。

4. 整理笔记、列出提纲

在这一环节中，笔者要求学生根据小组讨论的结果，并结合自己的初步构思，有意识地对信息进行筛选，整理出自己的笔记，在此基础上列出作文的提纲。

5. 语言组织

为了夯实学生的英语语言基础，教师介绍一些相关的短语、句型，有助于学生在写作过程中更好地组织语言。

（二）写作

在写前准备的铺垫下，学生开始草拟初稿。教师鼓励学生打开思路，大胆表达自己的创新观点，尽量把自己想说的话都表达出来。同时把关注的重点放在文章的内容上，不必太过在意选词是否恰当、语法是否有错等形式问题。在此过程中，教师依然巡视教室，给予学生必要的帮助，尤其是那些英语基础相对薄弱的学生。在之前一系列写前准备的基础上，学生可以很顺利地撰写初稿。

（三）修改阶段

初稿完成后，要求学生按照之前的分组，彼此交换作文进行互评。评价的着眼点主要放在作文的内容和组织上，因此要求每位学生先肯定他人作文中的亮点和创新之处，然后再指出一些不足，包括一些拼写和语法错误。这样互评作文一方面可以使学生取长补短，学习他人的优点，改正自己的不足，做到共同进步；另一方面能使学生有机会评价同伴的作文，给出自己的意见，一定程度上让学生获得了满足感和成就感。此外，同学互评作文还能减少学生对教师的依赖性，鼓励他们接受教师以外的读者，同时帮助他们更好地意识到根据读者需要来写作的重要性。在此期间，教师作为观察者和指导者，在课堂巡视，并参与到一些组的互评中，给予指导并保证互评的有序进行。同学互评结束后，学生根据同伴的反馈意见进行修改，除了语法和用词，还要注意内容的增减和思想表达的改进。作品再交由教师进一步审阅、修改。

（四）完成定稿

学生根据教师的修改意见，再次对作文进行检查并修改，完成最终的定稿。最后教师收齐学生的定稿，依据统一的作文评分标准给作文评定总分，并在下次写作练习课前做一次简要的集体讲评，肯定并表扬一批优秀的文章及其作者。这样的讲评有助于激发学生的写作积极性，吸引更多的学生认真面对每一次写作练习。

过程写作教学法的优势和效果毋庸赘述。但辩证来看，此法亦有一些不足之处。它强调写作的过程，忽略了语言基础知识的教学，各类文章的写作都采用同样的过程，忽略了不同题材文章的篇章结构的区别；花费的时间过长，特别是单独与学生的交流费时更多；同学反馈会导致因水平较差的学生缺乏对同学作文的批判性思维能力，无法做出有效的评估而使得评估流于形式；不利于进行限时作文写作技能的培养。

第三节　体裁教学法

一、体裁教学法相关理论

（一）体裁教学法的含义

体裁教学法是建立在语篇体裁分析的基础上，将体裁和题材分析理论运用于教学中，围绕语篇的图示结构展开教学的方法。

体裁教学法强调社会环境对写作的影响，交际目的是体裁的决定因素，不同的体裁（记叙文，议论文，说明文，应用文如求职信、收据、法律文书、新闻报道等）实现不同的交际目的。

（二）体裁教学法的理论基础

1. 体裁分析

体裁分析是语篇分析的一个重要分支，是多学科交叉活动的产物，这一学科研究者的共同兴趣是研究语言的差异、交际目的和语言的使用策略。体裁分析具有四个互为前提、互为基础的层面分析，即有关语法特征的分析、有关语篇格式特征的分析、对语篇体裁结构进行释义以及语用层面的分析。体裁分析不仅考虑社会文化因素，而且考虑心理语言因素。这样的分析不仅能分析出语篇的交际目的，而且能分析出作者在达到时使用的策略技巧。体裁分析超越了对语篇语言特征的简单描述，力求解释语篇的理据，探讨语篇结构背后的社会文化因素和心理认知因素，揭示实现交际背景的特殊方式和语篇结构的规范性。体裁分析将语言学分析方法与社会学和心理学分析方法紧密结合起来，并根据需要对语篇进行不同侧重的体裁分析，如交际目的、策略技巧等。运用体裁分析的方法可以帮助学生掌握属于不同体裁的语篇所具有的不同交际目的和篇章结构；让学生认识到，语篇不仅是一种语言结构，而且是一种社会的意义结构；引导学生既掌握语篇的图式结构，又了解语篇的建构过程，从而帮助学生理解和撰写属于某一体裁的语篇。

近年来，体裁分析被用于英语教学，尤其是英语写作教学之中，体裁教学在四个阶段对写作者的发展具有促进作用。

①了解编码，即了解该体裁在词汇、语法、语义和语篇方面的用法。

②习得体裁知识，强调体裁交际目的。

③认知结构的敏感性，即特定语境中的具体体裁特征的意识。

④体裁知识的使用，即语用操作规则能力。

体裁教学法在某一方面将写作解释成了一种社会交往活动，并且这种交往活动是有规律的，学生可以通过这样的方法认识并理解客观世界。尽管如此，单独采用体裁分析的方法进行写作教学往往容易产生形式单调、方法固化、缺乏互动的弊端。所以，将体裁分析融入过程写作之中，形成过程体裁写作教学法，已成为一种崭新的、有效的英语写作教学途径。

该方法构建重视语篇语义结构、交际目的、读者意识、写作过程、学生参与、网络环境、多维评价的大学英语写作模式，注重对不同体裁的语义结构理解，培养学生的体裁意识和体裁能力，促进写作交际目的的达成。写作过程中学生既要学习语言知识，又要学习写作技巧，还要熟悉各种体裁的语义结构。通过必要的知识或技能输入，扩大学生的参与度，激发他们学习的主动性，使他们的英语写作能力得以更好、更快的发展。

2. 系统功能语言学

（1）系统功能语言学的内涵

系统功能语言学从功能的角度对社会语境中的语言进行系统的研究，因此其研究的重点是意义的表达和语言在社会交往中的使用和所起的作用，也就是说，系统功能语言学“特别注重语言的功能和在人类交际社会中的作用”。系统功能语言学研究范围十分广泛，其内涵十分丰富，为此，一些学者对韩礼德的语言观和思想进行了归纳，具体如下。

①语言是有意义的社会符号系统。人们在使用语言时进行的意义选择有着表达内容、建立和维系社会关系、提供自身与语言使用情景相联系的作用。

②语言系统是分层次的，由语义层、词汇语法层以及音系层组成。三个层次之间是一种体现关系，即语义通过语法层得到实现，句子结构通过语音或文字表现出来。

③语言在语境中使用，并由语境所决定。韩礼德认为语言的情景语境包括三个变项，分别与语言的纯功能项对应。它们是：话语范围、话语方式和话语基调。

④语言是一个由不同意义组合成的意义框架，其中包括概念意义、人际意义和谋篇意义。体现概念意义是一个及物性系统，包括行为者、过程、目标等。体现人际意义是语气系统，包括语气和剩余部分等。体现谋篇意义是主位系统和功能系统。主位系统包括主位和述位；功能系统包括已知信息和新信息。

语言是在语境中运用，并且由语境决定的，可见，系统功能语言学在社会文化网络中对人类交际中所使用语言构建了庞大的、复杂的研究架构。该架构具有普适性，因而适合多种语言的研究。这就为不同文化的语言研究，包括不同语境的外语研究，提供了可能的应用框架。

（2）系统功能语言学对教学的启示

①注重语言结构与功能的结合。中国学生往往从语法层面学习英语词汇、结构和句法，注重语法能力的培养，忽视这些词汇、结构和句法的功能，即在实际交际中所起的作用，因此中国学生的语法能力较强，甚至超过英语本族语者同龄人的语法能力。然而，交际能力不只是词汇、结构和句法方面的语法能力，还包括语用能力，即根据社会功能而实际运用语言的能力。因此，在英语词汇、结构和句法教学时，不要孤立进行，要将结构与功能相联系，强调语言结构服务于社会功能进而有效地促进交际目的的达成。

②重视语境作用。系统功能语言学的语境理论认为，文化语境是语篇的社会背景，是通过语类结构对语篇的建构和解读起制约作用；情景语境则是文化语境的“示例”，即具体表现形式。情景因素就是话语范围、话语基调和话语方式，并且与概念意义、人际意义和语篇意义相联系。这就要求我们在英语阅读和写作教学中重视文化语境下的不同语篇的语类结构在语篇解读和建构中的制约作用，同时还要对词汇、句法、语气、情态等做出符合情景因素的选择，使其更好地实现语篇的概念功能、人际功能和语篇功能。

③培养语类意识。系统功能语言学的语类结构潜势理论告诉我们，同一类型的语篇具有相同的语义结构，而正是这种语义结构区别了不同类型的语篇。因此，在教学中我们应该培养学生的语类意识，使他们能够识别不同语类的语义结构，掌握构成语义结构的必要成分、备选成分以及它们在语篇中出现的顺序，从而使学生建立符合英语民族思维模式的写作图式，进而提高学生的社会语言能力。

④提高语域意识。中国学生包括大学生往往孤立地学习英语词汇和句法，导致句法能力不能与英语语言的语域规约自然衔接，这不仅是学生语域意识淡薄的结果，也与英语写作教师缺乏语域评价观不无关系。根据调查发现，在评判学生英语作文时，与本族语者相比，中国英语教师比较重视句式变换技能，却不大顾及对语域特征的评判。其实，外语学习者即使懂得了很多遣词造句的规则，能写出很长、很复杂的句子，却不易写得恰如其分。如学生不能正确区分正式词汇与非正式词汇、口语体与书面体以及各种语域特征，这是因为长期以来，学生一直把注意力集中在语法错误分析上，却未充分注重语法正确的表达中仍存在语用得体性的问题的结果。鉴于此，写作教师应把学生的注意力适

时从抽象的句法变换引导到区分不同语域的遣词造句的得体性上来，即注重语篇的交际意图，明白作者与读者的社会距离和亲疏关系，注重语篇的正式程度以及自然性和连贯性。另外，写作教师也要树立语域意识，将语域因素纳入对学生习作的评价之中，进而提高他们的语域意识。

3. 图式理论

（1）图式理论概念

要想理解图式理论，先要明白什么是图式。图式一词，最早出现在哲学领域，后来经过心理学、信息科学的发展、计算机科学等领域的发展，图式应用于更加广泛的领域。关于图式的定义有以下几种。

①图式是先前获得的背景知识的结构。

②图式是指动作的结构或组织。

③图式是信息在长期记忆中的储存方式。

④图式是围绕一个共同题目或主题组成的大型信息结构。

图式可以大致分为以下四类。

①语言图式。

②内容图式。

③形势图式。

④策略图式。

其中语言图式是指语言知识及运营语言的能力；内容图式是指包括依赖篇章情境的图式和读者已有的背景知识的图式，即语篇内容的背景知识；形势图式是指不同语篇关于文章形式、组织结构的知识；策略图式指的是学习者的学习技巧等。内容图式和形式图式有密切联系，不能截然分开。前者着重于命题之间的连贯，后者着重于宏观结构中语篇的命题之间和段落之间的连贯，从而全面、准确、透彻地理解整个语篇。写作需要适当的形式与充实的内容的有机结合，即需要两种图式。

图式理论知识的多少往往与学生的写作质量成正比。因此，在英语写作教学中，英语写作教师要尝试不同的写作教学方法以帮助同学们改变旧的写作观念，通过设计新颖的写作课来激活学生已有的写作图式，并且有意识地帮助学生建构新的图式。

（2）图式理论与语篇教学

通过大量的认知理论，我们可以知道图式是认知的基础，在大脑中形成后会对以后获得的信息进行重组、理解和记忆。人们在理解、吸收、输入信息时，需要将新信息与已知信息相联系。对新信息的解码、编码都依赖于大脑中已存的信息图式、框架或网络。新信息必须与这些图式相匹配，图式才能起作用，才能完成信息处理的一系列过程，即从信息的接收、解码、重组到储存。英语学习者头脑中已储存的知识对他们吸收新知识的方式和运用效果起着关键作用。研究还表明，写作图式的建立离不开大量的、广泛的阅读和教师对语篇知识的系统传授。这样，学生在写作时容易“激活”自己头脑中已储存的知识结构，使新信息更容易被理解和吸收，并融合到已有的图式中，建立新图式，丰富头脑中的内容，从而能更好地从事写作这一输出活动。不同的文化背景在描述所目击的事件时会产生不同的图式。因此，教师要在教学中不断地帮助学生建立和完善符合英语民族思维方式的写作图式。

语篇是按照一定的思维模式组织起来的，语篇的内容决定了语篇的结构。尽管语篇的内容千变万化，但语篇的结构是有限的。就语篇的结构而言，常见的有讨论结构、描写结构、说明结构和叙事结构等。图式存在于语篇处理的各个层面，并对语篇的理解与记忆起着积极的作用。图式是学习者理解语篇的基础，同时，也为语篇的整体处理提供了依据。因此，图式理论可以运用于语篇教学模式中。

在外语教学过程中，大量获取信息非常重要。但是，运用图式进行语篇教学的时候，重点在于充实学习者的内容图式、建立起新的图式，从而达到头脑中知识的整合。大量的信息固然重要，但在学习者扩展图式知识的过程中只能处于次要地位。

运用图式理论进行语篇教学时，强调知识的灵活运用。教学的目的就是激发学习兴趣、培养学习能力、养成学习习惯，而不是掌握一些被动的“死知识”。所以，成功的教学不能以知识的传授量为衡量标准，而要以能否有效地培养学习者整合运用知识的能力为标准。

运用图式理论进行语篇教学所采用的教学模式主要是“自上而下”的，而不是“自下而上”的。这有利于学习者对所学领域的知识有一个宏观的了解，其优点在于为学习者提供了运用知识的整体框架。当然，在教学的具体过程中，也不能忽视学习者对于细节的掌握程度，适当讲解词汇、语法等最基本的知识资料也是必要的。

（3）图式理论对英语写作教学的启示

海耶斯和弗劳尔把构思、转换和检查作为写作的关键过程。构思过程意指产生观念并将其形成一个写作计划以满足作者所追求的目标；转换过程是指将写作构思转换成文字写作过程；检查过程涉及对所写内容的评价和修改。海耶斯和弗劳尔指出，在写作过程中，作者并不是严格遵循从构思到转换，再到检查这一线性顺序的，构思、转换和检查过程也并非截然分离，而是相互作用的。图式理论在这三个过程中所起的不同作用如下。

1）构思过程

构思过程包含以下三个子过程。

①目标设置。目标设置就是确立具体的写作目标，它是写作准备的一部分，这就需要作者在头脑中快速地检索相关的题目图式知识。

②生成。生成指作者观念产生的过程。在这个阶段，有关题目的图式知识信息检索在较大范围和多层次上展开，一旦某个概念被激活，其他相关概念也会被相继激活。作者可以记录下闪现在脑海中的所有概念，并根据主次做出取舍。

③组织。组织是指为所产生的观念创设一种合理、连贯且符合读者预期的结构。此时作者应激活有关的语段图式知识，如段落划分、段落结构、篇章结构、篇章衔接和连贯等图式知识。

2）转换过程

转换过程是将产生的观念转换成书面文本的过程。

英、汉两种民族在认知方式上存在差异，前者习惯演绎或推理，后者惯于归纳或总结。这样，拥有段落主题句便成为英文语篇的一个重要特征。与此相反，汉民族归纳式的认知方式往往导致汉语主题句的缺失。另外，由于文化的差异性，作为认知方式的隐喻在英、汉两种语言的使用中存在差异。

3）检查过程

检查包括两个过程：评价和修改。

评价是对文本进行质量和价值上的判断。

修改是指改写和重新组织文本，使文本更加完善的过程。它不仅依赖写作者的一般性的内容图式知识，而且还依赖写作者对特定形式写作的熟练程度。在此过程中，作者要重新激活头脑中的题目图式知识，对目标的确定、观念的生成和段落组织重新进行审视，并做出相应的评价，最后做出修改。

通常，作者应对初稿进行评价和修改。在此过程中，首先作者应对初稿进行重读，并在重读的过程中调动头脑中与主题相关的图式知识。基于此对自己所写的文章做一个宏观的评价，检查文章与主题的适切性。然后，作者应对语篇类型、段落展开、衔接连贯进行宏观评价，对语言知识进行微观评价，并以此对文章进行修改。

可见，图式知识能够对英语写作发挥积极作用。因此，在教学中教师应采取有效措施，不断丰富学生的图式知识，使学生的习作与英语民族的写作方式相一致，以便使交际目的顺利达成。

4. 建构主义和社会建构主义

（1）建构主义

建构主义有两个层面，一个是个人建构主义，也叫激进建构主义或认知建构主义，源于瑞士著名心理学家皮亚杰（Piaget）的“发生认识论”。这一理论试图揭示人类学习过程的认识规律，阐述学习如何发生、意义如何建构、概念如何形成以及影响学习的主要因素。另一个是社会建构主义，源于维果斯基（Vygotsky）的认识论观点。与皮亚杰不同，维果斯基强调儿童知识的建构是在社会文化环境中进行的，因此，体验、互动、协商成为教学活动的重要形式。所以，学者们将维果斯基的学说视为社会建构主义。此外，美国著名心理学家布鲁纳（Bruner）也对建构主义做出了重要贡献。他提出以“学习者为中心”的教学理论，提倡“发现式学习”，反对传统的灌输式教学模式，认为学生应该在教师的指导下自己发现、建构知识；教师应该从教员角色转变为“促进者”和“引导者”的角色。奥苏伯尔（Ausubel）的认知学习理论对建构主义也贡献颇大。奥苏伯尔提出了“意义学习”论，认为对学习影响最大的是学生大脑里已经有的知识，教师组织教学应该以学生已有的知识为基础。

（2）社会建构主义

社会建构主义是个人建构主义的发展，前者强调意义建构的社会性，即知识是在与他人相互交往的过程中形成的。维果斯基提出的“动态评价”对建构主义也影响很大。他提倡评价学习者取得进步的方式和进步的大小。这种评价比传统的静态测试更有助于推动学习者学习，更具有前瞻性和预测性。

维果斯基学说的核心由三个主张构成：只有从发展的角度分析并诠释，才能理解儿童的认知能力；促进和改变心理活动的认知能力会受到文字、语言和交谈形式的影响；认知能力源于社会关系，植根于社会文化背景中。

维果斯基认为，发展取向意味着通过考察儿童认知能力的根源和早期至后期形式上的转变，能够理解儿童的认知能力。因而，使用内在言语等特定的心理活动不能准确、孤立地进行观察，而应作为渐进发展过程的一个步骤加以评价。

维果斯基的第二个主张是，理解认知能力有必要考察影响和形成认知能力的工具。由此他认为，语言是其中最重要的工具，语言在儿童早期开始作为工具使用，帮助儿童计划活动和解决问题。

维果斯基还认为社会关系和文化才是认知能力的起源。社会文化活动对人的思维能力有着非常大的影响，如语言、数学体系和记忆方法。在一种文化中，这可能包括学习任何借助于电脑进行的计算；在另外一种文化背景下，则可能包括自己的手指或珠子计数。在这些基本主张的框架下，关于学习和发展的关系，维果斯基表达了独一无二、颇有影响力的见解。这些见解尤其反映了他认为认知能力有其社会渊源的观点。

（3）建构主义和社会建构主义对教学的启示

根据建构主义和社会建构主义的主要观点和思想，我们认为它们对教学尤其是当前的高校外语教学有以下五个启示。

第一，必须转变教师角色。在高校外语教学中教师要改变传统的灌输型教学模式。教师如果能改变角色定位，由原来权威型的教师，变为学生的服务者，为学生创造良好的学习环境，提供丰富的信息，与学生平等对话，组织学生在有条件的情况下多进行小组合作学习，鼓励学生增强自信心，学生就有可能由被动的知识接受者转变成主动的知识建构者。

第二，鼓励个性化学习。学习的过程应该是在已有的知识经验的基础上建构新知识的活动。学习不是简单的输入、储存和提取过程，而是新、旧知识双向的互动过程。如果新知识与旧知识一致，新知识就被同化，增加到已有的知识体系中去；如果新知识与旧知识有冲突，旧知识就会顺应，从而改变了已有的知识体系，扩大知识储备。学习者原来的知识和经验各不相同，他们学习新知识的过程也必然不一样。教师不仅要做到因材施教，还要鼓励学生根据自己的实际情况选择适合自己的学习内容、学习方法和学习速度。在学习新知识的过程中，鼓励学生多思考，考虑新旧知识之间的联系；多交流意见，多提问题，在协作中学习，在会话中促进自己的思维，开阔思路，加速建构意义的过程。

第三，为学生创造轻松的、又有挑战性的学习环境。只有承认学生的平等地位，教师才能建立民主的课堂；只有承认学生是学习的主体，教师才能为学生提供各种服务和帮助。此外，教师还要为学生提供尽可能丰富的语言信息，比如收集适合学生现有水平的外语读物、在网络上搜索适合学生的声像资料、通过学习提高教师的课堂外语输入的质量等。有了轻松的学习气氛，有了丰富的信息资源，学生的思路就很容易被打开，就能够进入创造性的意义建构过程。

第四，培养学生的自主学习意识和能力。培养学生的自主学习意识和能力是摆在教师面前的一个艰巨而又意义深远的任务。教育不仅是教知识，更是培养人、培养积极向上的人。不重视学生自主学习意识和能力的培养可能是我国教育的一个薄弱环节。教师应该向学生介绍如何对自己的学习负责、如何计划好自己的学习活动、如何在学习的时候通过自我监控来抵制来自内外的干扰、如何根据学习内容的变化调整学习的方法、如何及时评估自己的学习并根据评估的结果调整学习计划。这就是现在常提到的元认知策略的训练。

第五，注重形成性评估。由于学生的基础不同、兴趣不同、智力优势不同，用静态的终结性评估，用一张相同的试卷来评价所有的学生，就很难与自主性学习、个性化的学习形成合力，不能起到激励学生的作用。形成性评估给教师、评估者更多的自由和责任。教师要在学生学习的过程中观察他们学习的方法、他们的进步、他们运用语言解决交际任务的能力，并以此作为评价的重要依据。这样可以淡化评价的甄别功能，突出评价促进教师的教和学生的学之宗旨。

建构主义和社会建构主义的思想对高校的英语写作教学也有许多启发。

首先，在高校的英语写作教学中也要以学生为中心，注重学生的体验和参与，充分体现学生的主体地位，使学生最大化地参与整个写作过程。以往的“结果教学法”强调学生的成果或作品，而忽视要达到这个成果学生必然要经历的过程。这就导致了在写作过程中学生体验不够，知识难以内化，更谈不上形成运用自如的技能。要做到以学生为中心，教师必须改变其富有权威性的角色，提高服务意识，即教师的行为要服务于学生的学习。就是说，教师更多地充当计划者、真实语言使用者、组织者、引导者、解释者、资源提供者、顾问、管理者和评价者等角色，退出纯粹的知识灌输者角色，为学生感受真实情感、抒发真实思想、体验写作过程创造有利的环境。过程—体裁英语写作法中的学前写作环节充分体现了该教学思想。

其次，可以充分利用当前的数字化信息资源，丰富写作课堂，创设教学情境。创设教学情境是社会建构主义理论在英语写作教学中的具体实践。利用互联网，学生不仅可以获得所需资源，而且可以将其作为媒介或手段进行写作训练、送阅和评价等。利用区域性数字化写作平台，可以创设真实的课堂写作环境，激发学生写作的欲望，有利于教师进行实时监控，提高反馈与评价的实效性。建立精品课程网站，可以进行在线教与学，分享学习成果，交流学习体会，获取更多所需信息，丰富学用渠道，提高学习效率。

再次，开展师生之间的互动教学和合作学习。利用区域数字化平台开展互动教学和合作学习是社会建构主义教学观的重要组成部分。学生利用区域数字化平台学生端进行随堂写作，他们的写作过程即时传到教师端，教师可以将任一作品用“广播”功能传送给每位学生，并进行讨论和评价；同时，学生可以以学习小组的形式进行合作学习、分享经验、改进不足，以达到相互促进、共同提高之目的。互动教学是知识建构和技能形成的重要手段，是学生体验、参与真实课堂的重要途径，也是实施有效课堂教学、培养合作意识和竞争意识的策略性方法。同时，要注重多样化的过程评价。教学评价是衡量教学质量、检查教学效果的重要尺度。传统的终结性评价不重视教学过程中的学生进步，只把学生的学习结果作为衡量学生成绩的唯一标准，因此，其功能难以突破“甄别”的藩篱。多样化的过程评价着重学生英语写作过程中的进步，旨在为教师的教学收集反馈信息，调整和改进教学方法，达到促进教师的教和学生的学之目的。所谓多样化，就是学生自己、学生同伴和教师共同参与评价的过程；同时，作文采用精批、面批和泛批相结合。在精批作文中，教师不仅进行文中词句的批改，而且要进行文旁的原因批注和文末的总体评价。

最后，不仅要进行纸质批改，还要进行电子文档批改。所谓过程评价就是对学生写作的整个过程进行评价，包括写前活动、写中活动和写后活动中学生的参与程度和表现，都是评价的内容，这样集写前、写中和写后为一体的评价体系，关注学生写作技能的发展过程，真正体现了服务教师的教和学生的学。此外，还要注重写作过程中文化语境的参与。社会建构主义强调社会文化环境对教学的影响，也就是说，有效的教学应该和社会文化环境相联系，离开了社会文化环境的知识学习是无效的，或者是不存在的。众所周知，写作活动是思维的结果，思维又属于文化的范畴。不同文化的人们观察和认识事物的角度不完全一致，因此所建构语篇的模式也往往存在差异性。也就是说，不同文化语境所产生的语篇模式，或称语义结构，具有该文化民族的思维烙印。具体到英、汉两个民族，前者是直线型的思维方式，后者是螺旋形思维方式。这种差异导致英语民族的语篇具有直截了当、开门见山的特点，目的、重点往往置于段首；而汉民族的语篇往往在外围打转转，最后“画龙点睛”，先叙述原因，后给出结果，成为汉语语篇的特点。这种文化语境所引起的语篇结构差异，必须得到足够的重视，否则，所建构的语篇难以实现其连贯性和交际目的。

英语应用文体的文化规约性，或称社会文化规约性，是指英语民族为实现某一功能的交际目的而使用的被整个社团所广泛认可的言语表达范式。这种范式的形成具有典型的社会性特征，是整个英语社会共同的话语行为规范表征，而非具体个人的言语表达特点，因此它必须受到文化语境的制约。文化语境对英语应用文体的制约性是通过英语语类结构实现的，因此在教学中要让学生克服汉语思维定式，并将学生的语类意识和读者意识的培养作为英语写作教学目标之一，同时改革评价内容，强化文化语境的顺应效果。文化语境的差异性导致了英、汉两个民族相异的思维模式，而不同的思维模式又使英、汉语篇结构具有明显的差异性。在英语应用文写作中，如果中国大学生按汉语的思维定式构思英语语篇，就会导致英语应用文语类结构的混乱，影响交际目的的实现。事实上，这已成为中国学生英语写作的典型错误例证。因此，在写作过程中，要让学生学会移情，调整思维方式，克服汉语思维定式的不利影响，培养语类意识，关注英语语篇语义结构。语篇的得体性是高校英语写作教学的目标内容，也是衡量写作质量的重要评价指标。得体性的缺失常常意味着读者意识的缺失，即由于作者的语篇生成视角囿于自我，不考虑与读者的关系，从而导致语言表达不切合真实读者的身份和地位，影响交际目的的达成。正如普罗布斯特所言，不要让学生为理想化的泛泛读者而写，只有理解和回应具体的读者才能使语篇具有意义，且有助于作者为真实人物而建构语篇。如果没有读者，那就只有“意义可能”，而没有意义本身。韩礼德更明确地指出，作者应换位思考，以读者视角审视自己的写作，即选词要适切他人，表达思想的方式要使读者明白无误。这就要求教师在写作教学中要善于培养学生的真实读者意识，实现语篇的得体性。

《高等学校英语专业英语教学大纲》（以下简称《大纲》）虽然在教学原则方面提出“更应该突出说、写、译能力的培养”，以改变过去不够重视写作、翻译的情况，但《大纲》将“英语写作”和“应用文写作”作为不同的课程分别进行课程描述，并将后者作为专业技能选修课，在教学要求上对其也没有提出具体标准，仅有速度和长度要求，即“能根据提示在10分钟内写出长度为60个单词左右的应用文”。这就不利于指导应用文写作教学，甚至会导致对原本属于同一写作课程的英语应用文教学的新一轮忽视。幸运的是，在英语专业四级考试应用文写作“提示”中，明确说明评分标准基于“内容、布局、语法和得体性”，这在一定程度上能够对《大纲》应用文教学要求的缺失起到弥补作用。但是，在实际的专业评分过程中并没有对应用文的语义结构提出具体要求，对得体性的标准也无明确规定。所以，我们认为应该将应用文的语义结构作为评价指标之一，以促进学生语类意识的提高。近几年来，我们在教学和评价过程中一直重视学生对各种应用语篇的语义结构的掌握，并以此促进教学，收到良好的反馈效果。不同文化的人们在建构语篇时会受到文化冲突的影响，这就要求教师在教学中重视文化语境对英语写作的制约作用，引导学生对各种语篇的语类结构进行归纳，并将其作为教学和评价内容加以学习和掌握，这将有利于树立学生的语类意识和读者意识，使他们的写作符合英语思维模式。另外，要关注英、汉民族的认知途径差异，使文化冲突得以有效调适，增强语篇的得体性，提高修辞效果。

5. 语篇理论

（1）语篇

学者们对“语篇”一词的定义为任何长度并且语义完整的口语或书面语的段落。

如今，语篇已成为在现代英语教学中学者们关注的一个重要术语。在英语教学领域，学者们已从传统的关注句法层次分析转向关注语篇层次的分析，因此培养学生的语篇能力已成为广大英语教师的追求。有学者将国外对语篇能力的研究归为以下三个方面。

①语篇衔接和连贯的能力。

②语言融合能力。

③建构语篇风格的能力。

张希永、李志为认为，语篇能力可以理解为连句成篇和将一连串的话语组成有意义整体的能力，具体为在听说中，它是指理解对方的意图和含义，并能说出连贯、衔接的话语的能力，以形成流畅的交际。在阅读理解中，它指将语篇视为整体，并在理解作者目的以及词、句和整个语篇的语用意义中形成图式意识的能力。在写作中，语篇被认为是在组织文章时使用得体的语篇模式，利用语法和修辞手段连接句群，并使文章成为连贯、衔接语篇的能力。所以，语篇意义强调的不是词汇和语法，而是“语篇性”，即文章结构的完整性与语义的连贯性。

（2）语篇衔接与连贯

在语篇理论中，衔接和连贯作为两个基本且重要的概念，不仅决定着语篇的性质，在英语阅读和写作方面，更是起着积极的作用。

关于衔接的概念，不同学者给出了自己的观点。

①首位提出衔接概念的韩礼德教授认为，衔接就是两个成分在意义上的相互关联，并且这两个成分是不受句法结构制约的。

②衔接是一种形式连接，能在不同的句子之间建立关系并将这些句子联结在一起构成篇章。

③衔接是一种形式关系，可以构成命题。

④衔接是一种连接手段，将句子内的词或语法进行连接。

关于连贯的概念，同样有许多语言学家给出不同观点。

①连贯能让篇章中的句子成为篇章的一部分，而不是给人一种句子堆砌的感觉。

②连贯是篇章的组成部分，用来理顺篇章中的关系、逻辑和结构。

③连贯是对篇章解释的结果，并不是篇章的固有属性。

在我国，衔接被认为是词汇和语法的手段，而连贯则是采取这些手段所得到的结果。

（3）语篇理论对英语写作教学的启示

①语篇的主位结构有其特有的目的安排，根据不同的体裁做出不同的变化，在写作时应适当地进行变换，从而增强文体效果。

②语篇不能仅靠衔接手段来保持连贯性，因此需要弄清各个语义成分，也就是说在进行英语写作教学时不能注重语法和语义的正确性，还应学习一定的语篇知识，让学生形成正确的写作图式，从而提高写作的连贯性。

③学习英语写作的目标应设定在培养学生的书面表达能力上，而不是套用固定的模板进行句子填充，因此需要从多方面着手培养，例如，系统学习语篇连贯知识、用连贯理论分析范文、将语义表达作为写作的指导思想。

（三）体裁教学法的实施模式

1. 范文分析

范文分析主要是对作文的体裁和语言特点的分析。通过分析与文章体裁相关的背景知识，如文化、历史、习俗等，加强交际的目的。在对作文进行分析时，可从以下方面进行。

①体裁的语言和意义特征。

②体裁的图式。

③体裁的交际目的。

④体裁的社会语境。

⑤相同体裁间的分析对比。

2. 模仿写作

模仿写作就是将范文中的结构和语言内化到自己的知识结构中，从而让学生形成自己的写作风格和语言风格。

3. 独立写作

给学生设定一个选题，让其进行独立写作。

（四）体裁教学法的优势

①体裁教学法的优势在于能使学生认识到写作是一种有规律可循的社会交往活动，是理解客观世界并参与社会活动的一种手段。

②能培养学生的语类或体裁意识，创造出交际目的明确、内容充足、表达较为得体的成品。

③允许在同一题材的语篇之间存在差异，使学生可以在不破坏体裁基本结构的原则下发挥自己的创造力。

（五）体裁教学法的不足

①体裁的规约性可能导致教学活动呆板和枯燥，使学生的写作出现千篇一律的现象。

②容易使课堂教学以语篇为中心，忽略了学生创造性写作活动的开展，学生的学习显得有点被动。

③对写作技巧以及语言修辞模式重视不够。

二、体裁写作教学模式分析

英语的写作体裁可分为四种：记叙文、议论文、说明文和描写文。通常，最普遍的英语写作体裁为议论文和说明文。

在体裁写作教学模式中，任何的写作都不只是一种写作体裁的使用，通常会伴随着多种体裁。例如，写叙述文时，描写文、说明文也会出现在写作中；写议论文时，说明文也通常会出现。因此，体裁写作的教学模式不能被规定为单一的教学模式。

另外，我们还需要知道体裁写作教学法是以交际为写作目的的，不同的体裁具有不同的图示结构，当然也就有着不同的语篇内容和语言风格。但体裁写作最终还是为语篇服务，因此学生在写作中应该注意不同题材间语篇的差异，并在不破坏语篇基本结构的情况下进行内容创造。

第四节　各种教学方法的比较与结合

一、各种教学法的比较

不同教学法有不同教学法各自的特点、优势和不足，将各种教学法进行比较分析和对比，能更好地针对学生的需求进行选择。下面是对三种教学方法的比较分析。

①结果教学法与过程教学法为目前的主流教学法，前者注重写作最终的成果，后者注重写作的过程。

②结果教学法更加注重学生在写作中的语法运用和模板结构，因此更显呆板和机械化，学生不能有更多变通的空间。而过程教学法更加注重学生的语言技巧、学习能力和思维能力的培养，对于学生的想象力、创造力和思维能力都有一定的帮助和提高，更符合语言学习的规律。

③体裁教学法给不同体裁的文章规范不同的写作模式，学生可以学习相应的体裁结构进行模仿和训练，对于学习写作有一定的帮助和影响。但是，这种教学模式也对学生们创造能力的发挥有一定的阻碍和限制作用。

下面是对三种写作教学方法的对比分析。

表 3-1　三种写作方法的对比

特征	结果教学法	过程教学法	体裁教学法
基本思路	强调模仿是学习的主要途径之一，注重写作的结果	认为写作是一个思维过程，写作过程对写作能力的培养十分重要	交际目的是题材的核心思想，强调写作活动受特定社会情境所制约，是为特定目的服务的
教学目标	注重语言知识，特别是词汇、句法和衔接手段的准确性	主要关注语言技能，强调写作过程中作者的思维能力和创造能力	使学生认识到语篇不仅仅是一种语言建构，更是一种社会意义的建构
优势	学生通过大量练习可以迅速提升写作能力，文章语言和结构的准确性较高	有利于学生掌握写作过程和写作技巧，并培养学生的思维能力、自主意识以及沟通交流的能力	允许在同一题材的语篇之间存在差异，使学生可以在不破坏体裁基本结构的原则下发挥自己的创造力
局限	过分注重写作结果，学生的写作过程完全受到教师的控制，写作过程偏向机械的模仿过程，学生的创造力受到压抑，容易对写作产生抵触心理	有可能混淆第一语言写作和第二语言写作的区别，让人误以为所有写作都经历同样的过程；忽视第二语言写作的难度，没有给予写作产品的质量足够的重视	对作品修辞特征的了解，可能误导学生将文本惯有特征理解为必须严格遵守的规则，还可能导致学生过度重视作品的质量，而忽视对作品的创作

通过上面的图表，我们可出以下结论。

①英语教学方法发展的过程体现着人们对于写作本质的认识过程。结果教学法代表一种静态的知识反应；过程教学法代表一种循环的、逐渐生成的个人认知过程；体裁教学法代表着一种同环境和社会紧密相连的认知过程。三种认知过程越来越以人为本，并不断从学习者的角度出发进行发展和改变。

②三种教学方法体现了教师在教学的过程中正在进行实质性的转变，从教学方法入手，不断地推陈出新，反映着教师对教学工作认真反思的态度，在教育上不断认识到学生的需求，有勇气和决心对教育现状进行改革和变化，努力推动教学工作的进步。

二、结果法与过程法的有机结合

（一）课堂教学以结果教学法为主

课堂教学是学生接受英语教育的主要方式，在进行英语教育的过程中需要结合课堂教育的特点进行教学方法的选择。课堂教学的特点是教学时间有限、教学场地有限、教学资料有限。根据这三个特点，我们可以知道在课堂教学中，需要把握好知识结构与时间的关系，也就是在有限的时间里，根据教学的实际情况对教学内容进行合理的安排。以结果教学法的教学顺序为例：首先，要掌握句法，即要求学生正确地写出句子；其次，要发展句子，将句子组合成合适的段落；最后，则是各种修辞手法和篇章结构知识的学习。通过这种教学方法，可以保证学生能在有限的时间内进行系统的训练和学习，从而达到提高英语写作水平的目的。

目前，我国的英语教学方式仍以课堂教学为主，也就是说，课堂的受限因素较多，需要在有限的条件下进行教学，并且还要取得一定的学习成果。而结果教学法不仅可以保证学生在较短的时间内接触到较多的范文，得到足够的训练，还能使学生随时掌握自己在语言准确性方面的进步。相比耗时较大的过程教学法，结果教学法是课堂教学方法的最优选项。

（二）课外教学以过程教学法为主

过程教学法虽然相比于结果教学法更加注重学生能力的提升，但因其在教学过程中需要耗费大量的时间和精力并不利于课堂教学的发展，因此，课堂教学应以结果教学法为最优。但随着课外教学不断受到人们的重视，过程教学法便有了发挥它独特作用的机会。过程教学法提倡学习者的相互合作，认为写作并不是写作者的单独行为，而是群体的交际行为，因此，对激发学生写作兴趣、提高学生写作水平有很大作用。另外，写作是一种输出活动，需要学生进行大量的练习和反复修改，需要占用相当多的时间和精力，课外教学在时间安排上也相对宽松，学生不仅有充裕的时间可以查找写作素材，还可以进行意见的交流和讨论，对于学生合作学习能力的提高也有一定的帮助，因此，过程教学法是课外教学的最优选项。

第四章　英语写作教学对策

英语写作为教学中重要的组成部分，对提升学生的写作能力具有重要意义。加强英语写作教学能力可以从两方面着手，一是加强批判性思维能力，二是提高语言文字水平。

第一节　增强批判性思维能力

一、加强论辩结构训练

很多学生在英语写作中最常见的问题就是，没有思考能力，喜欢死记硬背；在思想内容上缺乏深度，喜欢套用例句，缺乏独立的批判精神；写作结构不完整，没有反驳意识，在写作中缺乏有力的事实依据来论证自己的观点。因此，加强论辩结构训练势在必行。

对于论辩结构不完整的问题，课内教学有相应的对策。课堂作为主要的学习途径，可以提升学生的写作意识，让学生明白论辩结构的要求与规范，通过适量的训练，帮助学生养成深入思考的学习习惯。

在英语议论文的写作中，一般认为文章的论辩顺序为提出本人的论述观点进行论证，论证相反的观点，反驳相反的观点。在这过程中，每一个过程都包含着提出观点、提供证据、说明理由这三部分。

提出观点就是指提出自己想要论述的观点，但观点并不代表事实性的陈述，只是用来讨论的。提供证据就是指提供依据事实的例子来论述自己的观点。说明理由就是解释与说明自己提供的例子为什么可以支撑自己的观点。

在英语写作中，写议论文或者论辩文的概率比较大，这类文章注重证明自己的观点。这种写作方式有利于培养学生的批判性思维，在写作中，注重使用真实的例子，明晰事物的对与错。因此论辩文的作者实际上向读者塑造和传递着某种个人形象，比如通情达理、真实可信、公平诚挚或思路敏捷。

在写作过程中，融入反方的观点并加以反驳，是议论文写作中关键的一步。这既可以提升学生的辩证思维能力，同时也是学生在写作过程中较为薄弱的环节。应试教育之下，学生思维会过于死板，教师需要为学生树立一种观念，那就是任何观点都是主观性的，其他人可以有不同的意见，可以进行讨论。在你论述自己的观点的过程中，要提出一定的证据，不能胡乱地进行论述，否则论述就会失去意义。

反驳是议论文写作中最为核心的部分也是对学生来说最困难的地方。反驳的依据一定要准确，想要做到这一点并不容易，首先要弄清楚反方的观点与逻辑，抓住问题的关键，然后思考列举什么样的例子才可以反驳。一定要教会学生理解观点的本质，这样的论述与反驳才会有意义，否则，胡乱地反驳既浪费时间又没有意义。如果只是挑选出对方无关紧要的观点进行反驳，文章结构看似完整，实则避重就轻，没有任何的说服力。

在分析问题的过程中引导学生树立多向思维，尽量避免非黑即白的思维。当多种因素同时起作用时，需要看清事物的本质，抓住本质的因素，同时也要承认其他因素的存在。可以采用让步策略，肯定对方立场中的积极因素，再阐述自己对这部分因素的理解，但这并不代表忽视自己的立场。然后再将重点放在对方观点中的关键问题，并对比进行反驳，进一步证明自己观点的合理性。

说明理由、提出观点、提供证据这三者之间存在必然的联系，这三个过程之间存在一定的逻辑关系，学生写作经常将观点罗列出来，随便引用一个例子，不做具体的说明。例子如何对观点进行支撑，似乎与作者没有关系。学生可能认为，有了例子还需要解释吗？是的，需要讲清楚。所谓“摆事实，讲道理”，观点一旦提出来就需要作者给出事实依据。一定要将自己的逻辑弄清楚，为读者分析出例子如何支撑观点，一定要站在读者的立场进行写作。

想要呈现清晰的论辩结构，就一定要学会区分观点与事实，学会在写作过程中用准确的语言进行表达。观点具有争论性，允许有不同的观点出现。在论述自己的观点的过程中，只是一种主观性的论述，没有特定的谁对谁错。事实就是事实，本身没有争论性。

陈述事实的语言方式与表达观点的语言方式应该有所差别，让读者可以确信所提出的事实。学生厘清这两者的不同之后，就会明确论辩结构，掌握这些语言的表达方式，不管是在写作还是在阅读中，都可以提升自己的自信心，使文章结构更加清晰。

二、创造自由的批判环境

加强学生的批判性思维能力，不仅仅要从论辩结构训练中加强，还需要在教学中，为学生创造一个自由批判的环境。

批判性思维是在不同的思想交流之中自然而然出现的。培养学生的批判性思维能力，也是教学中重要的一部分。现在的教学方式倡导交际型教学，因为在非交际型教学中，学生的主体性得不到体现，教师决定一切，学生需要做的就是遵循教师的思想，在这样的教学环境之下，学生的思想会受到禁锢，根本不会产生批判性思维。

在交际型教学中，学生的主体性得到尊重，教师会尊重学生的观点，学生会积极思考，教师与学生之间会产生真正的交流。这样可以自由地探讨问题，在交流的过程中，教师会引导学生理解多种不同的观点，使学生学会使用不同的观点来看待世界。

在写作教学中创造自由的批判环境，需要选择具有一定的思想深度与难度的题目，还要设定一定的综合目标，这样可以帮助学生进行深入的思考。学生在分析别人的观点的时候，也会思考自己的不足，为自己的写作积累经验。教师还要注重作业批改，可以与学生进行面对面的交流，在发生观点不一致的情况时，教师可以直接提出，因为尊重学生的主体性，并不意味着同意学生的所有观点。

同伴互评的方式也能够为学生创造良好的自由批判环境。教师可以制作相关的同伴互评表，让学生进行填写，这样可以让学生在英语写作中的结构、语言等各个方面填写自己的评价，对于学生的同伴互评建议，教师可以进一步评价，形成一个自由的学术环境，教师与学生之间、学生与学生之间可以自由交流、相互评价。

三、鼓励母语深层阅读

增强学生批判性思维能力，不仅需要课堂教学的支持，还需要培养学生课外母语的深层阅读与思考能力。

阅读作为真正思考与思辨的重要途径，可以帮助学生学会思考、学会观察、学会感受。阅读是一种方式，也是一种途径。阅读可以连通个体与世界，这样的写作才会有话可说，才能写出真实的、有感情的文章。

阅读是言之有物的关键，这不是什么新鲜道理。凡作文，须胸中有万卷书为之根底。需要指出的是，所谓阅读并不单指英文阅读。实际上，言之有物的根本条件是作者有思想、有观点。思想和观点没有语言之分。提倡学习英语的同时坚持母语的深层阅读，养成习惯，将会终身受用。

第一，提升大学生母语阅读能力。只是依靠英文的阅读来提升大学生的思维能力，并不是最佳的教学方法。对于很多大学生来说，英语阅读的主要目的在于学习英语，可以积累自己的词汇量，还可以提升自己的听、说、读、写能力。

相关研究曾经表明，英语专业的学生在毕业时，思维水平并不会有大幅度的提升，甚至还不如其他专业的学生，尤其表现在小语种专业上。这与学科特点、学生的输入内容有着直接的关系。既然这样，学外语的学生更不能小视母语阅读。

第二，正确理解深层阅读的含义。虽然当今社会的发展变化非常快，但是，也不能培养学生急功近利的阅读习惯。很多教师都鼓励学生多阅读经典英文的文章，顺便思考其中的奥秘。出发点的确是好的，只是学生不一定会理解。教师可以选择中文的著作，中国的著作更加贴合中国人的阅读思维，这样也可以提高学生的知识面，拓宽他们的视野。鼓励母语深层次阅读，也是将学生的认知与社会文化相结合的过程。

第三，与外语阅读相比，学生的母语阅读速度快、理解快、笔记快、反思快、表述快。对于这一点，大概教师们普遍都有切身体验。无论是辩理还是抒情，能够真正自如地调动的资源应该还是从小熏陶出来的中文库藏。除了资质极高的人士，这样的情况对于全国大部分英语教师或英语学习者而言应该都具有普遍性，大学生更是如此。我们不能低估掌握一种与母语完全不同语系的外文的难度。在思想深度和高度上，在文化底蕴上，外语永远替代不了母语的作用。要培养学生提出问题、挑战经典和权威、探索事物本质的批判性思维能力，应该把母语阅读放在重要位置上。如果希望学生言之有物、有思辨力，就要有意识地帮助学生培养这种人生习惯，比如提供基本的书单，让学生自由选取符合个人兴趣的部分，然后进一步扩充和深化。

四、更新课程设置理念

想要培养学生的批判性思维能力，不应只是局限于课堂内的教学与课外的阅读，还可以加强课程设置，更新课程设置的观念，将相关课程与批判性思维培养相结合。国外的很多高校都十分重视在写作课程中对思辨因素的研究，思辨型写作在大学的教育课程中始终占据着重要的位置。国内对于思辨型写作的重视力度并不够，只把将它设置成高年级的课程，认为只有高年级的学生才可以理解。

（一）课程设置发展历程

1986年颁布的《大学英语教学大纲（文理科本科用）》标志着大学英语成为一门高校公共基础课程，各个学校也主要围绕培养学生的英语语言基本功进行课程设置。

1999年颁布的《大学英语教学大纲（修订本）》提出了大学英语课程改革的设想框架，规定完成4个学期的大学英语必修课后进入应用提高阶段，学习专业英语和高级英语课程。

为了配合新形势下社会发展对英语人才的需求，教育部颁布了《大学英语课程教学要求》，从宏观上对大学英语课程提出了指导性方针，要求各校制订具有学校特色的教学大纲，扩大了各个高校在教学目标、教学内容、课程设置等方面自主发展的空间。

大学英语课程是我国较早建立的公共基础课程，教学内容的设计始终贯穿着大学英语课程改进的主线。自20世纪70年代以来，我国大学英语课程设置和教学重点经历了以语法为主到以阅读为主、再到以听说为主的转变，教学大纲也从结构教学大纲转变为功能教学大纲。到20世纪90年代中期，大学英语课程已经基本形成一个制度健全、目标明确的课程体系，在一定程度上培养了一大批具有较强英语水平的人才。

2004年在教育部高等教育司的直接指导以及高等教育司文科处组织和教育部高等学校大学外语教学指导委员会的参与下，制定了《大学英语课程教学要求（试行）》，对大学英语教学的指导思想、课程目标定位、教学模式、教学管理和教学评估均提出了具有创新意义的指导意见，为新一轮大学英语教学改革提供了明确的思路和方法。

根据“分层教学、分类指导、实施个性化教学”的现代教育思想，各高等院校按照《大学英语课程教学要求》和本校大学英语教学目标，制订具有本校特色的大学英语教学大纲，有针对性地开展课程设置。

综合现实情况来看，我国的高校在大学英语的课程设置中主要有两种体系。一种是指基础语言实践课程与应用英语课程；另一种是指基础英语阶段与专业英语阶段。不同的体系有着不同的分类标准，不同的课程体系有着有不同的专业要求。

（二）课程设置中存在的问题

1. 大班教学

由于扩招导致的班级规模过大，使得大学英语教师和学生人数比例悬殊。

大学英语课普遍采用大班教学，少则四五十个学生，多则上百人，一般都是几个班合在一起开展共同教学，导致大学英语教师的工作压力大、负担重。

如此多的学生让教师难以组织学生开展各种活动，课堂教学过程中只局限于对教材的讲解，缺乏课堂互动，缺乏对英语语用能力的培养和对英语文化的深入挖掘。在大学英语课堂教学中仍然使用教师讲、学生听和记笔记的方式。采用大班教学不利于激发学生学习英语的积极性，学生很难在课上与教师进行互动交流，在学习中遇到的问题也不容易被教师发现。

2. 课程设置不合理

大部分高校一般每周设置两三次大学英语课，师生接触时间较少，主要依靠学生课下自学。然而大多数的学生学习英语只是为了通过大学英语四、六级考试，缺乏真正学习英语的兴趣。在大多数高校，大学英语的课程只重视课堂教学，忽略课外英语活动的延伸。

目前，大学英语课程总体分为精读课和听力课两大类。在精读课上，教师对教材进行讲解，教授学生语法知识，扩大学生词汇量，培养学生的英语语言知识。听力能力的提高要以词汇量为基础，即以精读课为基础，通过精读课的学习，使学生提升使用语言的能力。

然而，即使学生在精读课上掌握了一定的词汇量和语法知识，在听力课上听听力材料时，仍然无法听懂听力材料，不能从中准确获取有用的信息，更别说把内容应用到英语日常交际中。只有当学生看到听力材料的文字版原文时，学生才能准确理解材料的意思，这时教师再放听力录音，学生才能更完整地理解。

在大学英语课程设置中，只重视对听读课程的设置，对口语课和写作课的重视不足，学生只是进行大量的语言输入，没有输出反馈，不利于学以致用，也不利于学生语用能力的培养。

3. 应付考试

由于有关部门没有对基础英语课程之外的其他课程的开设提出硬性要求，造成了大部分高校的课程设置仍然沿袭过去的传统课程设置模式的局面。在许多院校，没有遵循因材施教的原则，课程设置并没有充分考虑到不同学生的需求，而只是开设两年的英语课程，仍以基础英语教学为主。大多数学校要求学生在大学一、二年级完成四个学期的英语课程学习，参加大学英语四、六级考试。

分级教学本是为了贯彻因材施教的教学原则，但是现在部分高校把所有学生，包括能力已超过三级的学生，从一开始就圈在基础阶段一至三级里，且每学期只能一段一段升上去，这样做并没有突出因材施教的教学原则。

其实很多学生在入学时已经具备了通过大学英语四、六级的能力，而且刚经历过高考，学生对英语考试也很熟悉。在这种情况下，再进行四个学期的基础英语教学对这些学生来说是知识重复，这种内容重复容易引起学生的懈怠心理，打消学生的学习积极性。四、六级考试过后，大学英语基础课程教学也随之结束，甚至一些学校在三、四年级不设置大学英语课程。在大学英语课程中只重视大学英语四、六级考试，没有其他英语方面的课程，不能进一步提高学生的英语综合应用能力。

（三）大学英语课程设置展望

1. 开展课程设置改革

多媒体技术和互联网信息技术的迅速发展，促使大学英语开展教育革命以跟上时代的发展。高校通过丰富教学模式、改善课程设置等推动大学英语的发展进程，建立以学生为中心的课程体系，推行全面学分制建设，满足学生个性化和多样化的发展需求，扩大学生的自主权，提高大学生英语水平，为社会培养出更多的复合型人才。

社会需求变化是大学英语课程改革的重要标准与依据。大学英语课程的相关要求也在不断地变化。为了适应社会的发展变化，大学英语教学实践的多样性与灵活性也被不断地凸现出来。

《大学英语课程教学要求》的颁布给各个学校更多的自由发展空间，使各学校在教学模式、教学内容、课程设置等方面有更多的选择性和自主权，没有统一的划分和规定，就不必须有统一的教学安排。大学英语的课程安排是只安排在大学一、二年级，还是安排在整个大学期间，都由学校根据实际情况决定，达到什么样的要求，用什么方法去达到要求，都由各个学校自行决定。学校针对自身的实际情况，开展有针对性的课程设置，有利于提高教学效率，提高学生的学习兴趣。

我国高校大学英语改革所取得的成果，以及在改革过程中所展现出的教学理念和经验表明，大学英语教学正在逐步丰富和完善，大学英语教师逐渐树立了现代化教学观念，教学模式和方法等从单一化、模式化向多样化、个性化发展，课程设置更具针对性。主动适应社会经济发展需求是我国高等教育发展的必经途径。

同时，针对学校的实际情况，设置具有本校特色的课程和教学模式等，有利于激发广大教师的教学积极性，提高学生学习英语的积极性，促进教和学的环节优化，为提高教学效益打下坚实的基础，有利于学生的综合发展，丰富我国高等教育的实践内涵。

2. 重视课程设置

在课程内容上，大学英语应包含通用英语、专门用途英语和通识用途英语等多个课程模块。在课程设置上，要设置基础英语阶段后的后续课程，特别是要设置与专业内容相关的英语课程、跨文化课程、英语语用课程等。设置多元课程内容和多元课程模式，设置多种类型的英语选修课程供学生选择，通过教师课堂面授教学与网络课堂相结合，形成优势互补。

各个高校应根据社会发展需求和大学英语教学大纲的内容，有针对性地设置与本校学生相适应的课程，组织恰当的教学内容，培养学生的英语语言知识、英语语用能力和文化意识，保证课程内容的实用性和人文性。

在评价体系方面，为了调动学生学习的积极性，提高英语水平，高校在建构大学英语课程设置体系时，应加大形成性评价的比重，旨在评价学生的自主学习成效，将形成性评价与终结性评价有机结合。要改变现有的三七分或四六分的考试评价模式，应在评价中加入学生对英语课外活动的参与情况、课后自主学习情况等内容。

转变传统的思维方式，将批判性思维能力纳入大学生的必备素养之中。这是一项综合性的目标，为了更好地实现这一目标，可以将这一目标细化。在课程设置中，不管是不是英语专业，都需要将批判性思维能力与大学生的课程相结合，应该是从大一开始，而不是将其放置在大三或者大四阶段。将研究思辨与课程设置相结合，让学生了解到这项能力并没有想象的困难，只要通过努力是可以获得的，这就意味着成功的开始。

思辨能力培养与基础语言技能培养并不冲突，可以将这两者结合起来。在课程设置的目标中，可以将研究思辨的目标细化，分为学期目标与阶段性目标。

第二节　提高语言文字水平

一、用语块取代在线拼装

写作教学的评价内容一般包括思想内容、组织结构和文字质量。在写作的思想内容和组织结构方面，中学和大学的汉语语文教学能够有所帮助，母语写作技能可以有所迁移，唯独英语文字这个环节无法从汉语学习中获取帮助。文字的欠缺将制约主题思想和组织结构的表达。如果学生文字能力薄弱，就不得不在写作时更多关注语言，这样就减少了对思想内容和组织结构的关注。解决这个问题没有捷径，不可能一蹴而就。

学生语言文字水平欠缺的一个原因来自教学和学习上对语言、语言学习的不正确理解。英语语言和英语学习的本质，受母语研究的影响，二语习得研究提出，二语学习通过两种途径发展：语法规则学习和语言范例学习。语言范例也称为预制语块、词块、构式等，称谓有几十种。

对于英语的学习也就是语块学习。换句话说，学习英语的过程不是通过学习语法规则来获得的，而是通过积累在学生记忆中的不同语境下的示例来学习的。从本质上讲，语言知识就是语块知识，是一种从词汇性到规范性的学习过程。

二、了解常用语块特征

在掌握语块过程中，学生要了解英语常用语块的特点。研究发现，英语常用语块具有高频性，这些高频语块都带有结构上和功能上的特点。在大学口笔语的使用中，常用语块的语体特点是不同的。此外，学生还容易使用带有母语思维特点的冗余语块。

（一）语块的高频性

英语写作中经常使用的语块比较集中，这也就是我们常说的语块的高频性。虽然，目前没有形成统一的语块界定的方法。但是，还是比较认同 3 词与 4 词语块。不管英语句子的长度如何，使用频率最高的还是 3 词与 4 词。

学术写作中有一些语块得到极其频繁的使用。其中，学者最常使用 3 词和 4 词语块，而语块长度达到 5 词及 5 词以上时，使用频率锐减。不难发现，高频语块其实是一个连续体，4 词语块包含 3 词语块，5 词语块包含 4 词语块。

学生在写作之前对高频使用的语块有一定的认识，可以帮助他们写作，认识到在写作的过程中要尽量使用高频语块，使自己的语言表达更加清晰、更加完整。教师需要引导学生在范文分析中加强对这些语块的分析，增强学生的适应意识。

（二）高频语块的结构特点

高频语块在结构上的划分主要可以分为以下八种，如下所示。

1. 带 of 的名词语块

① a large number of

② a wide range of

③ a wide variety of

④ the number of species

⑤ the total number of

⑥ the meaning of

⑦ the relative importance of

2. 带有后置名词性从句片段的名词语块

① the degree to which

② the extent to which

③ the possibility that a

3. 其他名词语块

① an important role in

② an increase in the

③ spatial and temporal variation

④ the relationship between the

4. 带有 of 的介词语块

① as a function of

② at the end of

③ in the absence of

④ on the order of

⑤ with the number of

⑥ of the number of

5. 其他介词语块

① in addition to the

② at the same time

③ of the relationship between

④ on the other hand with respect to the

6.it is+ 形容词 +（从句片段）的句子架构

① it is difficult to

② it is important to

③ it is likely to

④ it is possible to

7.（情态动词）+be 动词 +（名词性补语语块 / 形容词语块）的句子架构

① be the result of

② be likely to be

③ be the number of

④ be a function of

⑤ may be due to

8.（名词语块 / 代词）+ 动词 +（补语）的句子架构

① these results suggest that

② have been shown to

③ was positively correlated with

④ used in this study

⑤ play an important role

⑥ studies have shown that

了解一个完整的语块如何组成，有助于学习者整体的输入和整体的输出，也有助于学生关注语块中的虚词（或者称为功能词）。因为研究发现，学习者在写作中提取常用语块时，语块的中心词提取常先于虚词的提取，中心词一般都是实词，实词的提取相对自动流利，但是提取虚词时常有不确定的情况。例如，介词一直是英语学习者的弱项。介词的错误难改，改了又错。我们从高频语块例子中可以发现有大量的介词语块。这些介词语块是一个一个完整的结构，要整体记忆和使用。作文批改中，遇到介词使用问题时，不妨圈出整个问题语块，而不是圈出一个错误介词。同伴互评和课堂点评时，建议教师把介词语块作为一个类别进行归纳点评，有助于学生整体的输入与输出。

（三）高频语块的功能特点

高频语块在语篇中承担着组织语篇、表达立场的重要功能。完整的语篇一般是由命题内容与元语篇组成的。元语篇是由大量的程式化语块构成的，按照高频语块的文本功能特点进行分类，可以划分为以下四类。

1. 指示语块

指示语块标志时间、地点、描述和数量。

（1）时间标记语块

① at the beginning of

② at the end of

③ at the same time

④ the beginning of

⑤ the end of

（2）地点标记语块

① at the university of

② the center of the

③ the position of the

④ in the present study

（3）描述性语块

① the depth of the

② the length of the

③ the shape of the

④ the size of the

⑤ the slope of the

（4）数量指示语块

① a measure of the

② a wide range of

③ an order of magnitude

④ of the number of

⑤ that the number of

2. 篇章组织语块

篇章组织语块体现对比、因果、架构、聚焦等文本组织功能。

（1）比较功能语块

① on the other hand

② in contrast to the

（2）推理功能语块

① as a result of

② as a consequence of

③ on the basis of

④ the results of the

⑤ be the result of

⑥ the effect of the

⑦ the direct effects of

（3）聚焦功能语块

① it is important to

② it is difficult to

③ there is no evidence

④ these results suggest that

（4）文本框架语块

① in the absence of

② in addition to the

③ presence or absence of

④ the nature of the

⑤ the degree to which

3. 立场语块

立场语块体现作者对命题和观点的态度和猜测。

（1）语气功能语块

① may be due to

② it is possible that

③ it is likely that

④ are likely to be

⑤ are more likely to be

⑥ the probability that

（2）其他立场功能语块

① has been shown to

② was found to be

③ not appear to be

④ studies have shown that

⑤ used in this study

4. 学科专业语块

学科专业语块指具有学科专业特点的常用语块，如下。

① in the evolution of

② is a function biology of

③ is consistent with the

④ more closely related to

⑤ the genetic basis of

⑥ the population dynamics of

⑦ the relationship between the

从长期的教学经验来讲，按照功能特点进行语块的分类，对学生理解能力还是有益的。很多学生喜欢大量的使用元语篇，这样写出来的文章并不会有多么优秀，过多地使用元语篇手段，不仅起不到润色的作用，还会影响文章的整体质量与效果。

（四）大学口笔语体的语块特点

很多的学者都曾对大学教育中的英语的口笔语体之间的差异进行比较与分析。大学常用的口语体一般包括日常对话、小组学习、课堂教学等；大学常用的笔语体主要包括课程论文写作、教科书、学院通告等。经过大量的研究发现，大学口笔语体主要分为三种：话语组织语块、指示语块、立场态度语块。通过这些语块，学生可以更好地了解到口笔语体的使用规则与其差异。

1. 口语常用语块

在大学口语常用语块中使用频率最高也是最为重要的就是立场语块，可以占到口语语块总量的半数以上。口语语块的使用中，会大量使用动词语块，还会使用结构简单的代词与名词语块，主要使用第一人称或者第二人称代词。其他连接性状语如 however、thus、therefore、for example、that is 在口语和书面语中都有出现。

（1）立场语块

① I think it was

② I have no idea

③ if you want to

④ I want you to

⑤ going to be a

⑥ not going to be

（2）话语组织语块

① if you have a

② going to talk about

③ I wanted to ask

④ if you have questions

⑤ have a question about

（3）指示语块

① of something like that

② have a lot of

③ the rest of the

④ the end of the

（4）特殊功能语块

① thank you very much

② what are you doing

③ do you have a

④（you）have a nice day

2. 笔语常用语块

笔语写作会经常且大量使用名词语块。各种抽象名词与过程名词在名词使用比例中会占到一半左右。由于名词语块自身结构复杂，可以含有多种复杂的修饰成分。名词语块的中心名词一般为通用词。

通过比较就可以发现，大学教育中的口语体和笔语体有相当大的差异性。尽管语用功能相似，但是各自所使用的一套程式化表达有明显的区别。

3. 口笔语体比较

在不同的语体中，语块使用之间的差别很大，不可滥用、混用。学生在英语写作中常用 if we look at、a little bit、a lot of 等语块，带有口语体的明显特征。教师可以通过这些例子的比较，引起学生注意，让他们尽量避免。同时，关注本族语者在笔语体中使用的常用语块，增强写作中的语体特征。

（五）冗余语块现象

在大学英语写作的文字能力方面，使用准确而简洁的语言很重要。很多大学生在英语写作中最常见的问题就是汉语式英文写作，因为汉语的使用习惯也会延伸到英文的写作之中。在英语教学中，很难会有比较这两种语言差异的教学。一方面，社会的发展总是对文本的语言风格产生影响。不管是哪一种交流方式，都倡导简洁明快。对于写作的要求也是如此，简洁的写作方式更容易让人接受，也可以让人更好地理解作者的写作意图。另一方面，汉语写作的语言风格是以名词为中心的，如果迁移到英语中，就会显得过于生硬。很多学生喜欢使用大量的语块来填充自己的写作，这样的写作方式就会显得文章过于空洞，也就是冗余语块的堆积问题。

三、稳固掌握常用语块

了解语块对二语学习的重要性，以及常用语块的特征以后，学生面临的一个问题是：如何稳固掌握常用语块。

英语中语块数量十分充足，就算是以英语为母语的人也不能保证自己可以自由运用。想要掌握语块知识就需要学生在课上与课下付出一定的努力，并且在写作中经常运用，这样努力才会有意义。“注意”是指能够在理解了输入材料的内容和意义后，关注语言的使用特征。“记忆”主要包括阅读、模仿、熟读和背诵。而“使用”即输出语块，在具体的语境中夯实语块的正确用法。

（一）注重阅读

大学生与儿童学习英语的形式与方法不同，大学生的关注点一般是在内容的意义上，忽略表达该意义的语言形式。注重阅读就在于多读、多听、多看，不能只是满足于读懂与听懂的阶段。由于各种考试的要求，学习英语写作的目的更多是为了获取更高的成绩，这样也不利于英语写作。注重阅读，提升阅读的质量，可以更好地奠定英语写作的基础。

（二）借助程式

借助程式就是指借助具体的构式语块，并把与之相关的句子一起背诵下来。在英语写作中，写得好的学生与写得不好的学生之间最大的区别就在于程式的掌握情况。程式掌握得好，语言功底就好。想要掌握大量的程式，就需要认真阅读，还需要大量阅读。阅读不仅要注意速度，还要注意质量。不能只是简单地阅读，而是在阅读的过程中，掌握大量的语句与语篇，而对于一些没有价值的文章，应尽量少读。

通过英语阅读，可以了解别人的写作方式与语言特点。从写作教学方法来看，借助程式的方法可以帮助学生写作。学生在阅读的过程中要认真、细心地分析作者的写作意图。

目前的应试教育造成很多学生只会“浅阅读”，比如做阅读理解类考题时，很多学生并不清楚文章在讲什么，但是却能够拿满分。以这样的阅读习惯做研究，浅读和误读的情况时有发生也就不足为奇了。此外，要促使学生在自然的交际语境下借用别人的语言，从而提高自己的语言水平。对高年级学生来说，通过阅读要学习如何使用直接、间接引语，如何注明出处，如何著录参考文献等学术论文的规范。写作教师要留心学生的语言借用，增加学生的成就感，提高他们写作学习的积极性。

（三）同伴互评

重视同伴互评的作用，最终目的是改好自己的文章。通过阅读他人的文章，可以将自己定位为读者而不是作者，这样可以更加清晰地看到文章中的问题。通过看到他人的问题，进而改正自己的问题。

（四）端正态度

引导学生树立端正的学习态度。学习英语是一项艰苦的过程，没有捷径可走，需要学生脚踏实地、慢慢积累。很多时候，学生的错误会重复出现，学习语言的过程本质上就是一个反复的过程，并不会一劳永逸。教师需要鼓励学生勤于思考、反复练习、相互修订、共同进步，这样才会提升学生的英语文字水平与编辑能力。

（五）提高对综合语言技能的认识

虽然语言技能可以进行单项训练，并能够取得一定的效果。但是，语言的使用必定综合多于单一。因此要提高对综合语言技能的认识，就要让师生双方都清楚学习英语是以使用为目的的，而使用英语很少是单一技能的应用，往往是多种技能的综合性使用。这样，教师在教学中才能主动地将英语写作与听说训练融为一体，并将其视为培养学生综合语言技能的有效措施。

四、提升写作与阅读教学能力

写作与阅读的主要问题是学生的阅读量太少，尤其是阅读原著的数量太少，对英语写作难以起到镜像作用。根据调查，现在高校英语专业学生忙于应付考试，英文原著的阅读量极其低下，甚至不少学生连一本原著也没完整地读过。大多数毕业论文选择文学方向的英语专业学生并不是爱好或擅长英美文学，而是为了毕业论文“好过关”。至于各种体裁的范文，学生阅读和背诵的量也非常之少，难以形成各种体裁的写作图式，所以写出来的作品中式英语严重，与英语语类结构不相一致，影响交际目的的达成。针对上述问题，笔者认为可以采取以下对策。

（一）提高阅读对写作促进作用的认识

长期的实践研究表明，阅读与写作在以下四个方面中存在共同的认知基础。

①阅读与写作在不同的领域，都运用预知识来构建语篇的意义。

②使用程序相同。

③处理模式相同。

④提取资料方法相同。

综上所述，阅读与写作这两个过程是极其相似的，都包含预先存在的记忆结构，也都包含着理解与创作的行为。通俗来讲，写作就是模拟阅读的过程，阅读就是模拟写作的一种行为方式，读者在阅读的过程中需要理解写作的意图。

通过大量的研究证明，写作能力较强的人，阅读能力也会很强。写作能力强的人一般阅读量大，这一点可以体现在写作的结构与语法上。从侧面来讲，写作可以提升阅读理解能力。

（二）鼓励学生扩大阅读量

教师要鼓励学生进行大量阅读，对于阅读量及阅读材料的选择，也要有适当的指导。教师应在结合教材的基础上，认真选用适合不同层次的学生的阅读材料，作为课外阅读作业。另外，在课外阅读中将精读和泛读有机结合，既要精读文章，加深对英语某些词汇和语法知识的纵向认识，又要有意识地扩大阅读面，看一些有关英、美等国社会文化背景的材料和科普读物，积累这方面的知识，从而使学生更多更好地掌握英语知识点、提高写作能力。

开展英语范文背诵活动是鼓励学生扩大阅读量的有效方法。根据教学需要和学生实际，教师可以精选一定数量的英语原文作为范文，让学生限时背诵。年轻教师可以和学生一起背诵，起示范作用。久而久之，学生不仅可以积累丰富的语言知识、地道的英语用法，而且可以掌握各种语类的语义结构，对他们建构同类的英语语篇提供图式参照。

（三）多布置阅读性的写作任务

教师应该多布置阅读性的写作任务，即学生必须通过阅读才能完成的写作任务。如阅读电子邮件写回复；阅读“邀请函”写回复；阅读文章写摘要；以及用一句话或规定的词数概括文章意义，再续写成一篇新的文章，等等。这样的写作任务不是将“读”与“写”的活动分离进行，而是将阅读视为写作活动的一部分，并将二者有机地融合为一体，从而使读写教学活动衔接有序、过渡自然。

五、提升写作与语法教学能力

写作与语法教学问题主要是两者是分离的，即写作与语法教学联系不多、不紧密。语法教学往往以句子为单位，脱离语篇语境，而写作则是以语篇为单位。在大学英语写作中，学生的语法错误较为普遍（包括标点符号的错误使用），而且长时间存在。

（一）将语法错误按照语类进行分类

虽然学生在英语写作中表现的语法错误是多种多样的，但某些类型的错误常常出现在某种语类的语篇之中。针对不同语类的语篇，对其常见错误进行归纳、分类和分析，有利于学生形成系统的纠错策略，较好地预测、降低或避免此类错误的发生。例如，在英语便条和说明文写作中，学生经常使用没有主句的because从句，而在记叙文中这种情况较少出现。因为在英语便条和说明文中，往往目的在前，原因在后。这种结构与中式思维（原因在前、目的或结果在后）习惯不相一致，所以学生即使将because从句后置，也往往将其大写，并用句号将其与主句隔开。究其原因，还是汉语思维影响的结果。而在叙述性文体中，学生往往按照汉语思维将原因从句置于主句之前，虽然也不符合英语民族思维习惯（英语往往主句在前，从句在后），但还是可以接受，因此不算错误。又如，新闻报道的标题一般不用过去时态，虽然事件已经发生。因此，将语法错误按照语类分类，并进行错误分析，有利于学生在建构语篇时进行自我监控，有效降低和避免错误发生。

（二）注重语篇层次的语法教学

语法教学往往基于句子层面，局限在句内的分析。虽然单个句子都是正确的，但置于语篇之中就未必都是正确的。因此，在语篇中讲授语法、分析语法，能够提高学生的实际语法运用能力。短文填空、短文改错和短文翻译是提高学生语篇层次的语法能力的有效训练形式，教师应该结合短文写作将其贯穿其中。

六、提升写作语词汇教学能力

（一）语篇层面进行词汇教学

词汇是写作的基石，词汇的正确选择与使用是成功写作的基本要求。然而，由于应试教育的影响，学生往往避开语篇，读背词汇手册，这样识记词汇存在弊端：一是随着考试的通过而遗忘；二是即使没有遗忘，由于学习时缺乏必要的使用语境，在写作时不能正确、得体地使用。因此，基于语篇的词汇教学显得尤为重要。

英语一词多义的现象非常普遍，如果离开语篇、语境很难确定词语的真实意义。也就是说，词语只有在具体的语篇中才能表现其真实的意义，离开了具体语境，词语就毫无意义可言。如英语 fire 一词，基本的名词意义是“火”，除此之外，它还可能是点燃物（一种约定的信号）、失火（火灾）、点火（引爆炸弹）、开火（射击的命令）、解雇等，其最恰当的意义只有到具体的语篇语境中去寻找。

（二）注重词汇的内涵意义

英语有很多同义词或近义词，但其内涵意义区别很大，如果仅仅考虑其字面意思很可能会导致对该词的误用。再者，大多数英语词语除了本义之外，都或多或少有内涵意义，甚至其内涵意义之多超过了本义。

另外，文化背景在帮助学生理解词的内涵意义时起着重要作用。如“dog”（狗），在汉语里往往包含着贬义，人们通常对狗有种厌恶的心理；在西方人眼里，狗是“友好”“可爱”“忠诚”的动物。这种文化差异自然也在各自的语言中反映出来。汉语中的“走狗”“狗东西”等词义属贬义；而英语词汇中的“lucky dog”（幸运的人）、“big dog”（要人；保镖）则属褒义。

因此，在写作教学中，教师一方面要注重同义词、近义词的用法比较，让学生明晰其内涵差异；另一方面，要注重同一词的不同内涵意义理解。词汇的内涵意义具有灵活性、不确定性、情感性和开放性等特点，英语教学中词的内涵意义需要通过特定语境加以理解。

（三）区分正式词语和非正式词语

高校英语写作中，学生经常口、笔语不分，这会造成措辞的正式度下降，有损文章的得体性，严重影响交际效果。例如，学生经常在写作中使用 so、but、or 等具有明显口语特征的并列连词，而较少使用正式性较高的 therefore、 however、otherwise 等连接副词。此外，像 OK、all right、ask for 等非正式词语，也经常出现在非对话性语篇中，从而降低语篇的正式度，影响了语篇的得体性。因此，在教学中要注重正式词语和非正式词语的区分，提高学生识别正式词语和非正式词语的能力。非正式词语和正式词语也有程度问题，如 papa and mama，daddy and mommy，dad and mom，father and mother，parents 是从最不正式逐渐到正式。一般认为，前三个属于口语性的，因此是非正式的，但它们也有程度上的区别。daddy and mommy 比 dad and mom 更为亲昵，而 mama 属于婴儿语言，所以最不正式。father and mother 属于普通词语（common words），口、笔语皆用。而 parents 则比前者正式，虽然也可用于口语，但多用于书面语。又如，kick the bucket，die，pass away 都有“死”的意思，但也有正式度的区别，后者要比前者正式。

（四）区分抽象词语和具体词语的语用功效

抽象词语和具体词语在英语写作中各有其不同的功效，作者应该根据写作目的对使用抽象词语或是使用具体词语做出恰当的选择，以达到最佳语用效果。

1. 表达抽象笼统的概念时应该使用抽象词语

这种抽象的表达是英语的特点，而用具体词语则是汉语的表达方式。

2. 表示具体形象的概念时应该使用具体词语

以“笑”的一组同义词为例，laugh（笑）是一般词语，下面都是具体词语。

① smile（微笑）

② grin（咧嘴笑）

③ chuckle（暗笑）

④ giggle（痴笑）

⑤ chortle（哈哈大笑）

⑥ titter（傻笑）

⑦ snigger（嬉皮笑脸地笑）

⑧ guffaw（哄笑）

⑨ cackle（咯咯地笑）

⑩ roar（狂笑）

这些词语在笑的方式、音量、程度、内涵、感染力及表达的心情等方面都有差别。在实际应用中只有选择好了同义词，才会对语言的表达起到积极的作用。

（五）了解中英遣词造句的不同特点

如果说动词是汉语遣词造句的主要成分，那么抽象名词的使用则是现代英语的主要特点。显然，如果不了解抽象名词的特点，不知道如何使用抽象名词来表示动作的意思，那么只能过分地依赖动词，通过频繁地使用动词，造成动词大量地集结来表达一个意思，这正是汉语的表达方式。如下面两组例子，a句就是汉语思维的结果，b句使用了抽象名词，是地道的英语表达。

①家庭生活使我感到幸福。

a. Family life makes me feel happy.

b. Family life is a source of happiness to me.

②这个建议已被越来越多的青年人所接受，并受到越来越多的青年人的欢迎。

a. The suggestion has been accepted and welcomed by more and more young people.

b. The suggestion has found its growing popularity and acceptance among young people.

（六）提升写作的多样性

除了词汇贫乏、语法错误较多之外，学生的写作中句子结构单一、缺乏变化的现象依然普遍。在一些学生的习作里，不难发现一连串的简单句或“主—谓—宾”结构充斥整篇文章，致使文章缺乏变化、生气和活力。这样的文章吸引不了读者，影响交际效果也就不言而喻了。

1. 简单句、并列句、复合句交替使用

简单句、并列句和复合句是大学生所熟悉的句子种类，然而，学生对其修辞功能不甚了解，以至于在写作时发现太多的单一种类的句子连用，从而给读者造成单调感和累赘感。简单句、并列句和复合句各有其不同的修辞功能，在写作时应加以注意。

简单句结构简单、简洁明快、表意明确，具有鲜明的说理性和干脆利落的强调作用。并列句通过合理安排语序可以增强语言的形式美、语义连贯性、语言艺术性和重心明确性。复合句由主句和从句组成，从句除了起语法上的功能（如起主语、定语、状语、同位语、宾语等作用）之外，还可以起到区分主从层次、促进意义完整、扩大信息量、增强连贯性等修辞功能。

可见，简单句、并列句、复合句具有不同的修辞功能和文体功能，虽然在某一语类中会偏重使用某一句子类型，如在广告、新闻、标语中常用简单句，但在四大文体（记叙文、描写文、明说文、议论文）写作中，合理地变换句子类型，交替使用简单句、并列句、复合句，能够使句式更加丰富、多变，既可以增强语言的形式美和音韵美，还能够使文章达到简明、增强、连贯以及主次分明等效果。

2. 长、短句交替使用

长、短句各有其功能，长句承载的信息量大，而短句具有强调的作用。然而，文章中连续使用短句或长句也会影响文章的可读性，造成单调和累赘的感觉。短句有短句的优点，长句有长句的长处。然而，我们有这样的感受：长句连篇令读者生厌；短句林立令读者乏味。因此，英语写作中应该注意交替使用长短句。科学地交替使用长短句，不仅给文章带了顿挫起伏的美感，而且可以收到理想的修辞效果。

3. 无标记主位和有标记主位交替使用

文章仅有简单句、并列句、复合句的变化和长、短句的结合还不够，还应该注重无标记主位和有标记主位的变化。所谓无标记就是指陈述句的主位是名词（词组），是语法上的主语，且为主动式；疑问句的主位是疑问词；祈使句的主位是动词的祈使形式。you 没有省略时则 you 成为主位。所谓有标记就是句子开头部分不是语法上的主语，如状语提前、宾语倒装等。以语法主语作主位的语篇主位结构容易产生和解读，但是适当地变换主位，使用有标记主位，会增强文体效果。

4. 独立结构的使用

根据英语写作的经济性和简明性原则，在写作中如果用一个词能够表达清楚就不要用短语，如果用一个短语能够表达清楚就不要用句子。然而，在英语写作中，学生为了过分追求句子复杂化，往往以牺牲文章的简明性和经济性为代价，多过地、不恰当地使用复合句。其实，独立结构或分词结构的正确使用，要比复合句的使用更为困难，这也是学生更多使用复合句，较少使用独立结构或分词短语的原因。所以，在写作教学中要让学生多进行独立结构和分词短语的用法训练。

5. 同一句型的句式变化

写作中注重同一句型的句式的不同变化也是避免文章单一性、促进多样性的有效方法。句式多样性本来就是良好的英语写作的标准之一，尤其是同一句型在同一语篇中反复出现时更应体现其多样性。

（七）提升写作的连贯性

连贯性是有效句子的标准之一，也是有效写作的标准之一。学生写作中的连贯性涉及多个方面，主要包括人称代词和指示代词照应混乱，垂悬修饰语频出，逻辑衔接缺失，主位、述位衔接模式使用不当等问题。

1. 加强人称代词和指示代词照应训练

针对学生在英语写作中人称代词和指示代词照应使用混乱的现象，必须对其加强训练，让学生理解人称代词的一致性是语篇连贯的一个重要因素。指示代词照应是个难点，特别是学生受汉语习惯影响，对“这个”（this）、“那个”（that）的使用常常颠倒。

2. 掌握避免垂悬修饰语的方法

垂悬修饰语包括垂悬分词、垂悬不定式和垂悬介词短语，它也是汉语思维的结果，并导致逻辑上不一致，即垂悬，从而影响句子的连贯性。避免垂悬修饰语的常见方法如下。

①添加主语，使垂悬修饰语有修饰的对象。

②调整主语，使垂悬修饰语有修饰的对象。

③将垂悬修饰语改为从句。

④调整垂悬修饰语的位置，使其靠近被修饰对象。

逻辑连贯属于语义层次的连接，包括详述、延伸和增强。详述是对前句或基本小句中的某一成分给以进一步的说明、评论或举例。详述包括同位和阐明两个范畴。同位关系又包含换言和举例两个小类。延伸是表达在前句或基本小句的语义之外，从正面或反面增加新的陈述，或交代例外情况。增强是语篇中的一个成分为另一个成分补充必要的信息，从而达到增强语义的效果，使其更加完整。

3. 熟悉主位、述位衔接模式

主位、述位衔接模式是语篇推进的基本模式，对实现语篇连贯具有重要作用。在写作教学中，教师介绍主位、述位衔接模式概念和用法不多，所以中国学生对其了解甚少。因此，英语写作教师应该让学生熟悉主位、述位衔接模式的基本类型，了解无标记主位和有标记主位的信息功能，提高语篇建构的连贯性。

4. 提高语类意识

英语语篇的不同语类有其不同的语类结构。在写作教学中教师要经常帮助学生审视各种语类结构，让他们了解各种语篇的必要成分和可选成分，并让他们在语篇建构时以此进行内容取舍和秩序安排。同时，根据该语类的作者与读者的社会距离确定文体的正式程度，并以此进行措辞和调整句式。

可见，在写作教学中注意识别和区分口头词语和书面词语、强化学生的语体意识以及提高他们的语类意识，有利于提高学生写作中根据语体和语类正确选择词语、恰当安排顺序、提高文章的得体性。

第五章　英语写作教学与思辨能力培养

本文主要针对英语写作过程中出现的缺乏判断、分析以及综合思辨能力等问题，对教材总体构架、阅读篇章的选取以及练习设置等方面进行分析。此外，本文还详细阐述了创新思维和批判思维，以及将创新思维和批判思维的训练融入英语写作教学中去的方法，以帮助学生提高英语写作能力。

第一节　英语写作教材建设与思辨能力培养

一、英语写作教材建设

（一）教材的总体构架

教材的总体构架往往是一部教材的核心，教材编著者的编写理念可以从教材编写的出发点和重点上反映出来。写作教材直接影响着学生的思辨能力，倘若一部教材只是注重语言形式和写作成文，而忽视了思想内容和写作过程，那么这部写作教材对于学生思辨能力的提高是非常不利的。

一部好的写作教材，应该对过程写作法给予充分的重视，不仅可以培养学生的写作思维，还能够增强学生的读者意识，引导学生去主动思考。可以说，这样的写作教材对学生的帮助是非常大的。

以《英语写作手册》为例，它的编写是按照措辞、句子、段落、篇章的顺序来进行的。这部教材的编著者认为，写作者首先应该具备的一个条件就是要有特别扎实的语言基本功，若想有效地将自己的思想表达出来，具备选择合适措辞的能力是非常重要的，因为句子的写作是英语写作的基础，而句子又是由单个词组成的。该教材总结了大量的措辞、句式以及标点符号的写作规范和写作技巧，对学生基础语法知识的巩固非常有帮助，使学生的写作风格更加严谨。

纵观整本教材我们不难发现，这部教材非常重视对学生写作基本功的夯实，但却忽视了学生思辨能力的培养。但是，由于这部教材主要是被一些英语基础薄弱的学生使用，所以在这种背景之下，它的针对性也是非常强的。

随着《现代大学英语写作》的出版，我国传统写作教学次序逐渐被打破。这部教材的编者认为，“语篇”（discourse）是通过写作来表达编者思想的重要途径。此外，如果没有一定的语言基础，是无法真正掌握措辞所包含的所有内容的。

如果等到语言基础达到较高水平时才开始写作显然是不现实的，所以，从段落开始写作，可以为学生提供一个表达自己写作思想的平台。段落是构成文章的基本单位之一，只有对段落的结构和写作要领进行熟练的掌握，才能写好文章。

这部教材的编排顺序是按照写作体裁模式进行的，每一章节都包括概述、课堂活动、范文阅读、习作阅读以及课后作业。该教材所强调的并不是简单的模仿记忆，对于激发学生的思维能力、创新能力、分析问题的能力以及独立思考的能力都具有一定的促进作用。

再比如麦克劳希尔出版公司的一系列英语写作教材，这些教材的总体构架大多都采用了以下两种方式。

①写作体裁模式。这种模式主要包括记叙、描写、举例子、过程分析、对比、分类、因果分析等。

②写作题材模式。这种模式主要包括教育、家庭角色和性别角色、历史与文化、政治与社会公平、经济、哲学与宗教、媒体与电影、科学与技术、自然与环境等。

通过对以上写作教材总体构架的对比，我们不难发现，《英语写作手册》比较重视基本语法和写作技巧，编写思路主要是以写作结果法的理念为主，这一点非常符合英语写作学习者的学习要求，但对学习者思辨能力的培养却有一定的限制作用。《现代大学英语写作》在写作教学次序方面突破传统，比较值得肯定的就是在训练学生写作能力时，主要是从写作概要和段落开始的。并且，该教材的编排是按照写作体裁模式进行的，不仅设计了大量课堂活动，而且增设了对学生习作的评析，可以有效地激发学生的写作兴趣，从而使学生的思辨能力得到进一步的培养。

除此以外，该教材注重学生思辨能力培养的另外一个明证就是对过程写作法非常重视。对过程写作法比较重视的还有麦克劳希尔出版公司出版的一系列英语写作教材，并且在学生构思、写作、修改以及成文等过程中，也非常注重学生思辨能力的提高。更为重要的是，这类教材中还增设了批判性阅读和对思辨进行详细讲解的章节，这一点是值得我国编写者借鉴的。

（二）阅读篇章的选取

写作过程中的思辨思想和观点通常都是在阅读的过程中获得的，一部好的写作教材应该具备以下特点。

①为学生提供比较好的写作技巧和方法。

②要有适合学生阅读的好文章。

③为了帮助学生思考和研习，写作教材还应该包含对文章写作技巧和优点的客观、详细的点评。

但在这个信息爆炸的时代，要想选择合适的文章并不是一件容易的事情。如果没有足够的基础知识的积累，就更谈不上思辨，这也是学生不具备思辨能力的一种具体体现。

被选中放进《英语写作手册》中的段落和文章，大部分都是一些知名作家创作的比较经典的篇章，这些段落和文章往往都铿锵有力、字字生辉，即使经历了岁月的磨砺，依然具有很高的借鉴价值，可以说，它们是适合学生在写作练习时模仿的好文章。

当然，教材当中也存在着不足之处，那就是选取的阅读篇章更偏重于文学体裁，偏离了学生的现实生活。而且放到现在这种社会背景之下，文章就会显得有些陈旧，这也就意味着，该教材提供给学生的写作材料不够新颖。

除此以外，该教材的目录当中也没有将文章的篇目明确体现出来，这就使得学生在阅读的过程中或多或少会存在一定的困难，这也就限制了学生思辨能力的培养。

相比之下，《现代大学英语写作》中所选取的篇章就更符合当代气息，同时还增加了大量的学生习作评析。以上这些对于提高学生的学习兴趣是非常有帮助的，学习兴趣一旦被激发，学生在阅读和写作过程中的思辨能力也就逐渐被激发出来。同样的，这部教材也存在一些不足之处，那就是在谋篇布局和遣词造句上并不十分严谨。比如在选材模式上，《现代大学英语基础写作上册》中共有 23 篇例文，但从《心灵鸡汤》上选取的例文就有 12 篇，这种选材模式过于单一，对学生阅读模仿和思辨能力的培养非常不利。

麦克劳希尔出版公司出版的一系列英语写作教材对于阅读篇章的选取非常精细，并且很有特点。它强调从作者的角度去阅读，以读者的角度去写作，这也是批判性阅读和批判性写作的具体体现。

由此可见，从阅读篇章选取上来看，麦克劳希尔出版公司出版的英语写作教材更加有助于学生思辨能力的培养。国外写作教材的一大特点就是材料丰富、“体积庞大”，目的就是给学生提供大量的思想资源，进而促进学生思辨能力的培养。

《英语写作手册》和《现代大学英语写作》虽然在阅读篇章的选取上非常的精细，但在内容、数量和当代体现跨学科学习的背景下，与国外相比还是存在着一定的差距。所以，合理借鉴国外教材中的部分经验，对于我国英语写作教材的编写是非常有利的。

（三）练习设置

写作建材练习的设置主要包括以下三方面。

①写前练习。

②写作过程。

③课后写作题目练习设置。

若想让学生在学习的过程中思辨能力可以得到培养和提高，那么对写作练习进行精细的设计就显得至关重要。

由于《英语写作手册》的编写时代比较早，在编写理念方面也存在一定的差距，所以教材中设置的写作练习并不是很多，仅有的练习也大多与基本语言和语法知识有关，专门针对培养思辨能力的练习屈指可数。

《现代大学英语写作》在练习设置上对思辨的重要性进行强调，并加入了阅读后问题和小组讨论等方面的内容。在课后作业的设置上，这部教材上也为学生提供了多种选择，突破传统格局对每单元的写作作业进行布置，在题目确定之后，会指导学生对该题目的写作步骤进行了解，从而使学生在一系列提示和练习的过程中顺利完成写前、拟稿、修改、定稿等写作活动。通过这种方式对写作练习进行设置，对学生各方面能力的提高是非常有帮助的。

麦克劳希尔出版公司出版的一系列英语写作教材在练习设置上就显得更加灵活和多样化，为学生思辨能力的提高提供了更多选择。

综上所述，以上这些国内外的写作教材在对写作任务设置上存在以下较为显著的区别。

①国内教材常用陈述句的方式对写作任务进行布置并给出具体题目。

②国外教材常使用疑问句对写作任务进行布置，并给出写作建议。

以上这些区别虽然比较小，但却恰好是思辨能力的一种彰显。与陈述句相比，疑问句更容易引导学生积极思辨，反映到具体写作中，也能将读者意识很好地体现出来。

（四）建议

通过与国外英语写作教材编写以及思辨能力培养方面的对比，可以发现国内在英语写作教材建设方面还存在着明显的不足，很多方面都有待提高，具体包括以下几方面内容。

①取长补短，将与思辨有关的内容添加到教材建设上。

②增加与批判性阅读和批判性写作相关的章节。

③注重过程写作法。

④对于学生在写作过程中对思辨能力的应用给予更多的重视。

⑤为学生提供大量跨学科题材，并选取比较经典和现代的文章，以方便学生模仿。

⑥引导学生进行批判性思考和批判性写作。

此外，我们还可以从教学者和学习者的角度对英语写作教材编写以及思辨能力培养等方面进行分析。

1. 教学者的角度

从教学者的角度来看，一部好的教材应该具备以下特征。

①教材框架设置合理且易用。

②选材得当并且数量多。

③设置的写作练习合理且灵活。

如果一部英语写作教材可以满足以上条件，那么如果将这部教材应用到教学当中，必然会起到事半功倍的效果，对学生思辨能力的培养也有很大帮助。

2. 使用者的角度

从使用者的角度来看，由于受到国内教育现实情况的影响，学生从受教育开始就对教材十分重视。所以，要想改善学生思辨能力缺失的情况，就应该在设置写作教材时做到以下两点。

①设置大量跨学科的生动例文，从而使学生的思想更加丰富，求知欲得到培养。

②设置灵活多样的写作练习，从而使学生的思辨能力和技巧得到锻炼。

结合以往的课堂教学经验，笔者总结出，一部可以培养学生思辨能力、比较优秀的英语写作教材应该具备以下特点。

①要以篇章写作为中心来设置写作教材的总体框架。

②设置与思辨思维和批判性阅读相关的简介和方法。

③写作教材中应图文并茂，目的是激发学生的学习兴趣。

④写作教材中应更加注重过程写作法而不是结果写作法。

⑤增设大量的课堂活动，对学生的写作成果进行评析。

⑥设置大量难易适中的跨学科阅读篇章。

⑦设置思维和写作练习时，要以学生为中心，通过练习提高学生的写作和思辨能力。

⑧由于中西方思维方式不同，而且文化存在着很大差异，所以在进行英汉写作对比时，要使学生有意识地避免语言负迁移现象的发生。

⑨在教材附录中设置可供学生参阅的与英语语法和遣词造句有关的章节。

二、思辨能力概述

（一）思辨能力的构成

人们运用恰当的评价标准对某一事物进行有意识的思考，从而确定这一事物的真实价值，做出有理据的判断的能力，即为思辨能力。

哲学家理查德·保罗（Richard Paul）和教育心理学家琳达·埃尔德（Linda Elder）提出了思辨能力三元模型，主要由以下三部分组成。

1. 逻辑要素

逻辑要素主要包括目的、问题、观点、信息、推论、概念、含义、假设。

2. 智力标准

智力标准主要包括正确性、清晰性、相关性、逻辑性、充足性、精确性、深度、重要性、公平性、广度。

3. 智力特征

智力特征主要包括谦恭、自主、公正、勇气、坚毅、移情、正直、自信。

对于思辨能力的研究，西方学术界早已汗牛充栋。早在二十世纪五十年代，美国著名教育心理学家本杰明·布鲁姆（Benjamin Bloom）就提出了教育目标分类学，并产生了较为深远的影响。布鲁姆还将教育目标划分为情感目标、动作技能目标以及认知目标三大领域。

认知能力的应用、分析和评价等较高层级是思辨能力的集中体现，思辨能力的最高表现即为创造能力，同时，创造能力也可以看作建立在思辨能力之上的认知能力。

思辨能力是建设性与创新性并存的，它有助于学生用更加宽广的视角对一些现象进行解释，从多维角度对研究对象进行分析和判断，从而获得更多解决问题的方式。

（二）培养目标

在英语学习的过程当中，应将对思辨能力的培养作为核心培养目标。法乔恩（Facione）对思辨能力进行了较为深入的研究，他认为："教育就是学会思考，一点不多，一点不少。"而就目前的英语学习情况来看，培养目标中缺少的恰恰就是"学会思考"。

从英语教学大纲来看，基础阶段的教学任务主要包括以下几方面。

①传授基础知识。

②进行最基本的技能训练。

③培养语言运用的能力。

④传授正确的学习方法。

大纲中对于思辨能力的培养是极度缺乏的，由此可见，将思辨能力的培养放在英语学习培养目标的核心地位是当前英语教学活动的重中之重。

（三）课程设置

若想通过对英语课程设置的改革来提高学生的思辨能力，可以从以下三方面入手。

①增设一些增强学生思辨能力的理论性课程。

②重视研究方法课程的建设，多向学生渗透一些人文和社会科学中定性和定量的基本研究方法，如有必要，还可以鼓励学生去接触一些高等数学以及统计学方面的知识。

③开设一系列讲座或者一门课程专门向学生们介绍与思辨能力有关的概念或者学习方法，以便学生们在课堂教学当中可以更好地配合教师，从而使他们增强培养思辨能力的学习意识，思辨技能也就随之提高。

（四）教学方法

目前大力推行的人文通识教育可以说是一项具有重大意义的教改举措，随着人文通识教育的实施，选修课程的内容越来越丰富多彩，这就使得学生们有更多的机会去获取更多的信息和知识。但美中不足的是，虽然课程种类增多，但教学方法却未曾改变，依然采用比较传统的满堂灌式的讲座，对学生思辨能力的提高没有任何帮助。所以，英语专业要在以上课程设置改革的基础上，做到以下几点。

1. 将思辨能力训练纳入教学大纲

每一门课程的教学大纲中都应该或多或少涉及学生思辨能力的训练，教学管理者应根据年级、课程、课型的不同，对学生思辨能力提高方面的具体分解任务进行整体规划。

此外，教师可以根据英语专业课程的独有特点，合理地去设计课堂活动和练习形式，使学生思辨技能提高的训练更具针对性，进而可以从不同角度和层次开展系统的训练。

2. 采用苏格拉底式教学方法

所谓苏格拉底式教学方法，指的就是在开展教学活动时，不再仅仅是教师单方面的知识传授，而是多采用启发式提问和相互辩驳的方式。

即使是学生人数较多的大班讲座课程，教师也可以设置一些师生问答或者简短的讨论，穿插到知识传授的过程当中，以达到鼓励和引导学生对一些极具挑战性的问题展开思辨的目的。

3. 采用圆桌讨论教学形式

多采用圆桌讨论的教学形式，但有一点需要特别注意，采用这一教学方式需要学生提前完成阅读任务，然后在课堂上采用 PPT 的方式依次发言，发言的过程中需要接受其他同学的提问，发言过后还要将自己的相关发言整理成小论文。这种教学方式比较适合小班教学，可以为教师通过讨论和辩论等形式组织教学提供很大的方便。

一门课程是否成功，并不是通过这门课的授课形式来检验的，而是看这门课是否有助于学生思辨能力的提高。

（五）课程测试

就目前的教学情况来看，考试才是课程教学的“指挥棒”，也就是说，教师考什么，学生才会去学什么。很显然，这样不可能会培养学生的思辨能力，只有将课程考试的重点转移到对学生思辨能力的考查上来，学生们才会真正在日常学习中主动进行自身思辨能力的训练和提高，才能将自身思辨能力的培养重视起来。英语课程测试的改革主要包括以下几方面。

①将基于阅读或调查的研究性小论文写作加入专业知识课程当中。

②将形成性评估机制引入课程当中。

③积极采用对激发学生创造力有一定帮助的练习和测试，比如小组讨论和辩论、个人或小组演示、个人或小组调研项目、学习日记和文件夹等。

④改进传统的考试形式，摒弃以往多项选择客观性的考试形式，增加对学生语言和思想输出方面的考查。

比如，在学生选择出正确答案以后，还要让学生对为什么认为该选项是正确答案进行解释，同时还要对为什么其余选项是错误答案进行解释。听力和阅读测试，可以有效地使学生将多项选择与归纳、总结、分析或评价性写作任务结合起来。翻译测试可以帮助学生提炼出具有普遍意义的翻译技巧，同时还有助于学生对翻译过程中涉及的两种语言的转换、理解以及表述等方面的问题进行深刻反思。

不管是采用哪种方式对学生英语课程的学习进行考查和测试，教师都应该做到在对学生语言质量给予高度重视的前提下，密切关注学生在思辨能力方面的表现，甚至关注度要超过前者。就目前的情况来看，国内英语教师在对学生思辨能力进行评价方面的经验还稍有欠缺。

（六）教材编写

为了迎合以培养学生思辨能力为导向的英语教学改革，在编写英语教材方面也要做出相应的改革。

由于课程设置发生了一定的调整，英语专业的必修和选修课上都加入了一系列英语专业知识课程，这也就意味着，要针对这些专业知识课程编写相应的教材。

可以说，每门专业知识都有其特定的知识范围、内在结构和逻辑，所以在编写相关教材的过程中，要严格遵守该课程自身的知识体系。除此以外，在编写教材的过程中，还应加入针对思辨技能的分项训练，这样就可以在传授知识的同时训练学生们的思辨能力。

对技能课程进行改造是编写教材过程中迫切需要完成的任务，目前存在的基本思路主要有以下两种。

1. 传统分项训练模式

①保持传统的听、说、读、写等分项训练模式。

②按照语言技能发展的节奏来确定教材的结构和内在逻辑。

③不注重所选课程内在内容和知识上的系统性和逻辑性。

这种思路关注的只是对学生语言技能方面的训练，如果按照以上思路对教材进行编写的话，学生很难获得比较全面的知识，思辨方面的能力自然也得不到有效训练。

2. 综合技能训练模式

这种训练模式主要是根据学生即将学习的知识内容来进行组织教学的，而不是以语言技能教学大纲为依据的。通过这种方式组织课堂教学，主要有以下几点好处。

①会对教学内容给予充分的关注。

②对激发学生进行语言思考、渴望新知识有很大的帮助作用。

③可以有效培养学生将听、说、读、写这四种语言技能自然地融合在一起的能力。

④可以让学生了解到更多的语言技能。

⑤有助于学生对未来所需的各种知识进行了解。

由此可见，这种教学方式与传统技能分项教学相比，在知识系统习得方面的优势要更大一些。实践证明，在知识习得过程中适当地融入技能训练，不仅可以激发学生的学习兴趣，还可以提高学生的学习效率。

三、思辨能力的作用

近年来，我国掀起了教育改革的热潮，许多学校都根据其自身特点，进行了一定程度的教育改革。也正因如此，涌现出了大量比较新颖的英语写作教学方法和教学理念，教育制度也不断发生着变化。

只有对学校自身具有的资源条件进行充分、有效的利用，学校教育才能够得到更好的发展。从目前的情况来看，全国各地的学校强化英语教学的主要方式就是对学生思辨能力的建设。

只有能够有效应用到实际教学当中，思辨能力体系才算得上是比较完整和成熟的，才能够解决英语写作课程中遇到的一系列问题。反之则有可能会将教学工作复杂化，甚至会给教师和学生带来很大的困扰。

随着社会的不断发展，计算机、互联网得到了飞速发展，人们的观念也发生了很大的改变，开始摒弃以往传统的、枯燥的教学方式，在英语写作课程当中注入了思辨能力的概念。在英语写作课程教学当中，教师更加注重学生思辨能力的提高，使学生英语写作的知识面更宽，英语学习方面的整体素质也得到了很大提高。可以说，学生写作能力的提升和思辨能力的培养是相互促进、相互补充的。

写作具有相当大的创造性，它属于脑力劳动过程，主要是运用语言文字的符号，对客观事物进行反映，对人的思想和情感进行表达，对相关知识信息进行传递。此外，写作还需要非常大的精力和毅力，它不仅涉及人的思维活动，同时还涉及人的认知活动。

写作是将人们的思维活动转化成真实语言的过程，它是创造性思维和互动过程的结合体。学生若想使自己的写作能力得到提高，则可以积极参与到思维互动当中。当然，在互动的过程中，还要求学生积极地去发现问题、提出问题，交换彼此的想法，学会接受他人的观点，同时也能够对他人的观点进行客观的评价，只有这样才能够拥有真正意义上的思辨能力。

思辨能力不仅可以使学生的创新能力得到提高，还可以使学生的综合素质得到进一步的提高，它可以使学生在写作过程中对事物进行正确的分析、辨别、质疑、反思、反馈和评价。

从某种程度上看，培养学生的写作能力可以促进思辨能力的提升，反之，思辨能力得到提升之后，又有助于学生有效地写作。在思辨能力的引导下，学生在英语写作的过程中便可以轻而易举地做到以下几点。

①可以从整体上对文章进行把握。

②在写作过程中可以表达出自己的独特见解和观点。

③能够虚心听取他人的意见，并且表达自己的意见。

④能够及时进行反思和反馈。

思辨能力是一种综合能力，主要包括以下几方面。

①独立思考的能力。

②对问题的分析能力。

③对某些观点的论述能力。

④解决问题的能力。

其中独立思考的能力是思辨能力的核心。

需要特别强调的是，思辨能力除了包括“认知能力”以外，还包括“情感倾向”。

①对问题进行阐释的能力、分析问题的能力、推断能力、对他人进行评价的能力、解释问题的能力以及自我调节的能力都属于认知能力。

②博学好问、谨慎理性、乐观包容、公平、自信、反思等品质都是一个具有思辨能力的人应该具备的情感倾向。

简单来讲，智商与情商完美地结合在一起即为思辨能力。培养学生的思辨能力，对于学生分析问题、逻辑推理等方面能力的提高有非常大的帮助。同时，学生思辨能力提高以后，也能起到活跃课堂气氛的作用，对促进课堂学习起到一定的积极作用。此外，培养学生的思辨能力对教师的教学也能够起到很大的辅助和服务作用，具体体现在以下三方面。

（一）激发学生学习兴趣

在课程开始之前，教师往往会给学生布置一些问题或任务，目的就是对学生开展任务驱动，使学生对相关话题和知识进行提前预习和了解。在这个过程当中，具有较强思辨能力的同学就会积极主动地对教师提出的问题进行搜集、了解和思考，进而顺利解决问题。

在这个过程当中，思辨能力起到的作用可以说是非常大的，具体体现在以下几点。

①激发学生的学习兴趣。

②促使学生在面对问题时可以以一种较为积极的态度去对待。

③促使学生积极主动地去学习。

④使学生体会到独立解决和思考问题所获得的成就感。

⑤引导学生顺利完成课堂目标和任务。

（二）深入研究学习

思辨能力可以使学生自身的文化水平得到进一步的深化，进而对一些新兴和有价值的话题进行探索和研究。

学生能够接触到的话题往往是多种多样的，而思辨能力可以对各种话题进行类比和分析，从而对话题产生的原因以及价值进行深入剖析。

比如，提到“女性主义”这一话题，有较强思辨能力的学生在学习的过程中会从以下几方面进行分析。

①对女性主权的历史进程进行分析。

②当今社会中存在的性别歧视。

③一些与女性相关的社会热门话题。

④对各国女性权利的现状以及人们的态度进行分析。

通过以上分析，足以影响到学生对整个女性主义的态度。由此可见，思辨能力不仅能够引导学生对某一话题进行更深一步的探讨，对这一话题的文化背景有更多的了解，还能促使学生展开更加透彻和详细的思考和研究。

（三）拓展自身能力

如果学生具备了一定的思辨能力，那么在他接触到一些未知领域或者遇到一些不熟悉的问题时，首先想到的就不再是依赖他人，也不会去逃避问题。相反的，他会勇往直前，积极、主动、灵活地去面对、思考、分析和解决问题，完全依靠自己的判断得出结论。

在英语课堂当中，给学生更多的时间去相互辩论和交流，这对学生的英语学习是有很大帮助的，有助于培养他们独立观察、思考、分析和解决问题的能力。同时，在辩论和交流的过程中，也能够培养学生们从不同方面和角度对同一问题进行思考的能力。除此以外，学生的语言表达能力也会有显著的提升，自身各方面的能力也都会有一定的提升和拓展。

四、思辨能力缺失现状及原因

（一）思辨能力缺失现状

就目前情况来看，我国在英语教学方面对思辨能力并不重视，在英语写作教学方面也严重忽视了对学生思辨能力的培养，更谈不上引导学生提高他们自身的思辨能力。

受传统教学理念的影响，大多数教师对培养学生的英语写作套路和英语写作技巧尤为重视，从学生长远发展的角度来看，这对真正提高学生的英语写作能力是非常不利的。

此外，教师在对学生所写文章进行评定时，更多的是将关注点放在学生所使用的写作技巧和语言流畅程度上。由此可见，当前我国英语写作教学中最为突出的一个问题就是缺少对学生思辨能力的培养。

（二）思辨能力缺失原因

1. 教学体系制定不合理

当前英语教学体系中普遍存在的一个问题就是将英语写作教学穿插到其他课程当中，这也是学生思辨能力被忽视的一个关键原因。

当然，这并不意味着教师对写作教学不够重视，相反，教师们都普遍认为英语教学中最重要的部分就是英语写作，他们认为写作是一项重要的输出技能，是检验教师教学效果的主要方式。

但现实情况却不容乐观，在实际教学当中，教师往往很难开展有效的写作教学，无法占用过多的课堂时间去讲授过多与英语写作有关的知识。此外，由于学生人数较多，教师无法花费大量时间去批阅学生的作文。以上这些原因都直接导致教师对英语写作教学不够重视。

2. 传统教学模式的制约

传统教学模式对英语写作产生的制约主要体现在以下几方面。

①教师教学内容的侧重点往往是单词、语法等语言知识，很少会涉及人文方面的知识。

②模糊记忆和反复操练是教师常用的训练方法，教师通常会选取一些比较实用的记忆模板和固定句型来让学生记忆，可以说，对学生逻辑思维能力的培养是相当忽视的。

③教师在对学生的文章进行评价时，往往只注重学生对于语言知识的运用，而忽视了文章的逻辑性。

总的来说，现存的教学模式就是重语言轻思维、重形式轻内容，非常不利于学生思辨能力的培养。

3. 教学理念过于陈旧

受当前教学环境和教师自身素养的影响，使得目前的教学理念过于陈旧。教师在英语写作教学的过程中往往只重视语言组织形式和英语写作套路，对写作内容和学生写作思想的开发比较忽视。

很显然，这种教学理念已经无法满足当今社会对综合型人才的需求。由于缺少对学生素材分析能力和写作话题思辨能力的开发和培养，使得学生的写作思维逐渐僵化和模式化，英语写作时也只是一味地遵循教师既定的套路和模板，严重阻碍了学生写作能力的提高。

同时，教学理念过于陈旧，对学生思辨能力的培养也造成了一定的限制。教师独白式的教学方式不仅剥夺了学生独立思考的机会，同时大大削减了学生提问的热情。这样不仅无法激发学生的学习热情，也不利于学生批判性思维能力的发展。

此外，教师注重的通常只是学生听、读能力的培养，对学生逻辑思维以及思辨能力等输出能力的培养，往往是比较忽视的。学生学习英语的主要内容就是永无止境地去记忆那些枯燥乏味的单词，熟练掌握语法的运用，在这些陈旧的教学理念的熏陶下，培养学生的思辨能力简直是难上加难。

4. 写作命题方式的局限性

教师平时考试的作文命题方式和日常的作文模拟练习方式都是阻碍学生思

辨能力提高的重要因素。

（1）考试作文命题

学生考试的作文一般都会要求学生持有某些观点，同时在写作字数上也会有明确的限制。正因如此，使得教师在对学生进行英语写作指导时往往会以此作为方向来进行指导。

考试的作文题目大多都是选自一些考试真题或者模拟题，所以教师会让学生熟记一些万能句型和模板，以便在考试的过程中直接套用，写作选题使得思辨能力培养变得难上加难。

（2）日常模拟练习

学生日常的英文写作模拟练习通常也都是以考试为导向的，所以教师布置的写作题目几乎没有任何新意并且过于模式化。这就使得学生在完成写作任务的过程中过于被动，完成任务的积极性也不高，长此以往，学生必然会对英语写作逐渐丧失兴趣。

更有甚者，一些同学为了节省时间和精力，直接抄袭网上的范文，这样做的后果可想而知。此外，学生对于教师布置的写作题目常常会采取“四不”原则，即不分析、不练习、不反思、不评价。久而久之，即使学生们原本具备一定的思辨能力，也必然会逐渐丧失。

5. 学生的学习目标不明确

学生对当前英语写作的学习存在着一定的误解，很多学生错误地认为英语写作就是罗列单词、堆叠词句，按照教师教授的套路和模板生搬硬套即可。这种错误的理念使得学生在学习英语的过程中始终无法确定一个明确的目标。目标没有明确，学习方法也必然会存在很多错误，具体体现在以下几方面。

①死记硬背单词和短语。

②背诵几篇不同类型的英语写作范文，考试的过程中照猫画虎。

③采用题海战术，大量刷题。

④对于练习题上提供的参考答案只是进行简单的浏览，根本不会真正地动脑思考。

学生之所以会出现以上在英语写作中盲从的行为，主要是因为学生没有制订明确的学习目标导致的。

6. 无视思辨能力的重要性

思辨能力的培养并不是一蹴而就的，而是需要学生平时的点滴积累。传统的教学方式通常只是要求学生死记硬背，所以对学生记忆力的培养会比较重视，思辨能力的培养也就自然而然地被忽视了。

另外，教师往往只会强调对英语这门学科知识的积累，对与其他学科之间的知识交流比较忽略，这也是学生在英语学习中思辨能力培养被弱化的一个重要原因。

五、英语写作中培养思辨能力的要点

（一）分析题目

在进行英语写作之前，最先关注也是最为关键的部分就是作文题目。只有对作文题目进行深入的分析，从中获取一些有价值的信息，才能写出一篇有价值的文章。而这一过程若想顺利实施，离不开教师的正确引导。这就需要英语教师改变原来传统的教学观念，将培养学生的思辨能力作为英语写作的首要关注点。

比如，教师布置了一个写作题目“My favorite book”，题目布置完以后，接下来就是组织学生对该题目进行分析，分析的目的就是要明确写作中心。在分析的过程中，一部分同学将写作的中心设定为“book”，而另外一部分同学则认为写作的中心应该围绕“favorite”展开。对于这种情况，教师应该起到正确引导的作用，只有这样才能使学生在分析的过程中提高思辨能力。

（二）列出提纲

在分析完写作题目之后，接下来要做的就是根据自己确定的写作思路列出提纲。学生在分析写作题目的过程中往往会同时形成大致的写作思路，再加上教师的进一步指导，也就明确了该题目的写作方向，具体步骤如下。

①教师带领学生对题目进行分析。

②学生在分析之后，根据自己的理解，简单罗列出一个提纲。

③教师对学生列出的提纲进行评价。

④学生根据教师给出的意见对大纲进行修改和完善。

⑤学生开始写作。

通过这一过程，学生的思辨能力会得到一定的提升，英语写作水平也会有很大的提高。

六、学生思辨能力培养策略

（一）更新教学理念

随着教学制度的不断改革，英语教师的教学观念也要随之发生相应的转变，要突破传统教学观念，把英语写作中对学生思辨能力的培养重视起来。

首先，要做的就是对思想和实践之间的关系做更深一步的了解，学习实践是否可以顺利开展，很大程度上取决于学生的思想。同时，学生的思想也可以看作实践的基础。

其次，教师若想将学生思辨能力的培养作为英语写作教学的重点，就必须要将其视作一个教学目标，将传统的写作教学模式做一定的改变。

最后，英语教师要转变以往的教学理念，以培养学生的思辨能力为目标，提高学生的语言组织能力。所谓语言组织，指的就是语言的思维方式，教师在平时训练学生语言组织能力的同时，还应有意识地去培养学生的思辨能力。

例如，教师可以在英语教学课堂中调整词汇、句式、语法和写作的比例，适当提高写作所占比例，注重分析与思考。这样一来就可以有效调动学生学习英语的积极性，达到培养学生思辨能力的目的。

（二）创新教学手段

教学手段的创新是英语写作教学中培养学生思辨能力的一个有效方式，所谓教学手段创新，指的是对教学手段和教学流程的创新。新形势下教学手段的创新主要包括以下几方面。

①加强对学生思考分析能力的培养。

②培养学生跨学科的融会贯通能力。

③提升学生的创新能力。

④采用科学合理的方式，将英语写作教学的课堂内容和课外知识有效地结合起来。

⑤对教学所需素材进行精心挑选。

⑥设定科学的教学方案。

（三）创新英语写作环节

学生通过语言组织的形式将自己学到的知识、积累的写作素材以及掌握的写作技巧表达出来，这个过程即为英语写作的过程。

在这一过程当中，学生应该清楚地认识到，简单的文字罗列和空话连篇的文字堆叠并不能称之为英语写作。真正的英语写作首先应该对所要写作的话题进行深入思考，这样写出来的文章才更具思想和内涵。

（四）调整英语作文的评判标准

以往评判作文优劣的标准就是学生用词是否准确、是否存在语法错误等，教师会根据这两项评价标准直接给出作文的等级和分数。

因此，学生关注的往往只是自己的成绩，看到作文题目后首先想到的并不是对作文题目进行思考和分析，而是直接套用平时准备的标准词句和万能模板。长此以往，对思辨能力的培养非常不利。

这就要求教师对英语写作的评判标准进行适当的调整，不仅要关注语言形式，还应注重学生写作的思维过程，只有将二者有机结合起来才能促使学生写出水平比较高的文章。

（五）创新英语写作的评定改正环节

1. 教师评定

对学生在写作过程中出现的错误进行统计并归类，进而可以对学生的写作水准有一个更加全面的了解，为今后有重点、有方向的英语写作教学提供依据，这一过程即为教师评定的重点。此外，在评定的过程中，教师应该将侧重点放在学生文章的思想内容和结构布局等方面。

2. 学生互评

所谓学生互评，指的就是同学之间互相交换各自的文章，阅读过后给出客观合理的评价。这样做不仅可以有效地提高学生分析评价的能力，还有助于培养学生的思辨能力。

（六）提高教师自身的思辨素养

教师是学生获取知识的直接传授者，只有教师具备了较强的思辨能力和较高的思辨素养，才能更好地培养学生的思辨能力。提升教师的思辨素养可以从以下几方面着手。

①教师应时刻注意自己在课堂内外的言行举止，从而引导学生规范自己的言行。

②教师应做好充足的课前准备，对所要讲授的课堂内容进行充分的了解。

③定期学习，增加自身的知识储备量，使自己更加充实，涉及的知识面更广。

④使自己跨学科、跨领域的知识构建能力得到进一步的提升。

⑤强化自身思辨能力的培养，充分满足对学生思辨能力培养的要求。

（七）突出学生课堂主体地位，拓宽学生的思辨视野

1. 树立学生课堂主体地位

英语教师应因势利导，利用合理的情景教学，使学生的学习兴趣和积极性得到最大程度的激发，使学生的主体性得到充分发挥，为学生创造更多可以展示自我的平台。

2. 拓宽学生思辨视野

英语教师应该在开展教学过程中积极拓宽学生的思辨视野，让学生明白深厚的文化底蕴和知识修养对于英语写作的重要性。若想拓宽学生的思辨视野主要可以从以下两方面入手。

①在课堂教学内容当中适当地融入一些人文故事、历史史实等。这样做可以有效激发学生的学习兴趣，进一步拓宽学生的思维空间，思辨能力也就自然而然得到提升。

②培养学生良好的阅读习惯，不能仅仅只是将学生的阅读面局限在英语写作上，应多阅读各种不同的文章。这样做可以使学生在平时的阅读过程中积累更多的知识和写作素材，使学生思考、分析以及解决问题的能力得到提升。

（八）采用小组讨论教学法

传统英语写作教学主要以“填鸭式”为主，教师对题目和范文进行讲解，学生则按照范文结构模仿写作。这种写作教学不仅在写作模式上非常刻板，写作内容往往也比较空洞，非常不利于学生进行更深层次的思考。

根据教学改革的要求，学生逐渐成为课堂主体，最常见的就是小组讨论教学法的使用。比如，为了方便学生理解，教师可以选取英语寓言故事作为小组讨论的材料，让学生分成若干小组对该材料展开讨论，并鼓励学生积极提出自己的意见。为了使课堂内容更加生动，教师也可以利用多媒体设备，向同学们展示一些相关的图片或者视频，这样可以增强学生讨论的积极性。利用多媒体的方式还可以激励学生思考，从而达到培养学生思辨能力的目的。

（九）组织英语教学活动

实践是强化学生思辨能力的又一个有效途径，这就要求教师多组织一些与英语写作相关的教学活动，并以设置任务的方式对学生的思辨思维进行进一步的开发。比如，教师可以带学生去参观一些著名的旅游景点，充分调动学生的

感官，之后根据实际的自然景观组织相关的英语写作。这样做的好处就是可以让学生体验到所要写作对象的真实特点，从而可以准确地确定写作中心。

综上所述，英语写作是提高学生综合素质的重要内容，而思辨能力的培养则是提高英语写作水平的关键。英语写作过程中培养思辨能力，不仅可以有效提高学生的英语水平，同时对提高学生的思维能力也有很大的帮助，进而达到提升学生综合素质的目的。

第二节　在思辨训练中提高学生的英语写作能力

一、创新思维概念

（一）创新思维的特点

创新思维的特点主要包含以下三种。

①想法的广阔性，也称之为流畅性（fluency）。

②想法的多样性，也称之为灵活性（flexibility）。

③想法的新颖性，也称之为独特性（originality）。

创新思维的能力体现即为创新能力，所以培养创新思维也就等同于培养创新能力。创新思维提倡从多通道、多视角横向看问题，所以创新思维又被称为横向思维。避开常规方法、打破传统思维定式来寻找答案是横向思维解决问题的主要方式。比如，古时候一位商人债务缠身，为了免去债务，不得不同意年迈的债主提出的苛刻要求，即娶商人的年轻女儿为妻。债主假借天意，让商人的女儿从装有一颗白石子和一颗黑石子的钱袋里掏出一颗石子，如果拿到白石子，她可以不嫁给债主；相反，就必须成婚。但是债主趁商人不注意的时候，从地上抓起两颗黑石子扔进空的钱袋里，这一切都被商人的女儿看到了。如果按常规，她可以直接揭穿债主的骗局，但是她运用了横向思维，将计就计从钱袋里拿出石子后，假装不小心把它掉在铺满黑白石子的地上，这时因为分辨不出拿出来的石子颜色，只好通过看钱袋里剩下石子的颜色（黑色），来推断刚才拿出的石子是白色。

这样，商人的女儿便聪明地绕过了难题，用完全不同的思路找到了解决问题的最佳方案。小女子运用了创新思维去解决具体问题，这充分体现了她的创新能力。

（二）锻炼创新思维的方法

1. 大脑风暴

只有积累大量的素材，才能使创新思维的流畅性、灵活性和独特性得到充分发挥。同时，若想进一步拓宽创新思维，掌握快速搜索信息的方式就显得尤为重要。除此以外，这也将直接对解决问题和所挖掘题材内容的质量产生非常大的影响。

大脑风暴法就是针对这一目的被提出来的，这一方法在小组创意活动中应用比较多，当然如果用于个人也会产生很好的效果。大脑风暴法的具体做法如下所示。

①写下需要解决的问题或主题。

②小组成员轮流将自己的思路写下来，这一过程完全由成员任意发挥，不管成员的思路是好还是坏，其他成员都不需要进行任何思考、判断和议论。

③争取在短时间内想到所有可能的思路。

④运用批判思维对每个成员提出的想法进行合理性判断。

2. 反转法

反转法包含逆向思维，即从反方向对事情或人进行思考，进而寻求横向思维完全不同于常规的答案。例如，曾有一位贵夫人因为身体超重而雇用许多医生为她减肥，但体重丝毫不减，因为她不愿采纳医生给她制定的近乎饥饿的严格饮食标准。最后，有一位医生采用反转法打破了思维定式，他的逆向思维是不让病人采取饥饿性节食——不是少吃，而是多吃，即每次吃饭前喝牛奶并吃水果，这自然影响了她吃正餐的食欲，结果减肥成功了。

对待人物我们也可以采取逆向思维的方法去思考。例如，在一次考试中教师让学生做了这样一道创新思维题：在一家儿童医院里，由于年幼的小病人极其喜爱供他们在病房里玩耍的玩具熊，以至于在出院时把玩具熊带回了家。医院应怎样运用创新思维对这一问题进行解决呢？

多数答案只停留在纵向思维的层面上，如收取玩具费以弥补损失、在玩具里嵌入报警装置（一旦玩具离开病房就报警）、敦促家长教育孩子等。这些方法不仅不尽切合实际，而且还把小病人当作“小偷”来定性，让人难以接受。

只有反转法的对策把小病人看成富有同情心的“好人”：医院用纱布将玩具熊包扎起来，并对小病人说小熊也在住院，未治愈之前不能出院，从此病房里的玩具熊就不再不翼而飞了。

3. 切入点的选择

切入点是指对问题的第一关注点。对切入点的非常规性选择也是创新思维的方法之一（与反转法有一定的重叠，但切入点的选择不一定都是逆向思维），重点是在思考问题时要经常改变切入点。

假如在一个网球邀请赛里，有 111 人参加单打淘汰赛，那么我们将如何计算整个比赛的总场次。如果按常规将切入点选择在胜出的球员身上，由于是淘汰赛，就必须一直算到该球员赢完决赛之后才是比赛的总场次。要是把切入点改变一下，选择在被淘汰的球员身上，解决问题就容易多了。111 人的淘汰赛只能有一位赢家，有 110 个人输球，而每人只要输一次就被淘汰，因此整个邀请赛总共要有 110 场次的比赛。

英语写作教学离不开英语作文练习。虽然创新思维跟写前构思技巧一样，以开阔思路、拓展写作内容为教学目的，但两者本身又与英语写作相结合，成为作文练习的组成部分。

二、批判思维概念

批判思维的对立面是非理性或不合逻辑的思维，在我们的思维过程中批判思维是普遍存在的，虽然它与后者经常混在一起，有时候不容易让我们辨别。

“普遍知识标准”主要包括以下九个批判思维的标准。

①清晰（clarity）。

②准确（accuracy）。

③精准（precision）。

④相关（relevance）。

⑤深度（depth）。

⑥广度（breadth）。

⑦逻辑（logic）。

⑧意义（significance）。

⑨公平（fairness）。

其中的广度标准与创新思维很相似，它强调从多个角度看问题。这些标准其实在不同程度上都包含在我们平时的写作教学之中，只是我们对这些标准的应用更加具体化而已（虽然我们不直接讨论这九个标准）。

总的来说，只有通过所有写作课程教师的共同努力，不断革新教学理念、转变教学思路、优化教学方法和教学内容，更加注重思辨和创新能力的培养，才能彻底改善学生在英语写作中思辨能力欠缺的现状，解决英语写作教学中存在的一系列问题。

三、以思辨能力训练为主导的英语写作教学研究与实践

（一）英语写作中思辨能力弱的表现

学生在英语写作的过程中普遍存在的问题主要有以下三种。

1. 观点陈旧

学生在得到写作题目时，往往会按照自己固有的想法，想当然地来确定所写文章的中心论点和分论点。而不是对题目进行更深入的思考，这就使得所确立的中心论点和分论点之间缺少逻辑关系，写出来的文章没有明确的观点，逻辑性也比较差。

2. 内容空洞，论据缺乏

这一问题体现在文章当中就是有较多的空话和套话，缺少有说服力的材料来支撑文章的论点，并且文章的关联性也比较差。

3. 文章结构不合理

这一问题产生的原因主要是由于学生对话题和素材考虑得不够充分，所写文章大多局限于三段式。此外，文章的篇章连贯性也比较差，人称指示词在不同段落当中频繁跳跃，在很大程度上影响着读者对文章的理解。

（二）教学方案的制定

1. 划分课程内容模块

将学期内容划分成不同的单元模块，并在此基础上选择最具代表性的国内外写作资料作为范文，提供给学生作为写作参考。

2. 制定问题清单

围绕单元模块的主题内容，制定以下七个基本环节的问题清单，即构思、定题、立意、取材、布局、表述和修改。

3. 明确思辨训练活动

按照列出的问题清单开展思辨训练活动，主要包括以下几方面。

①对范文进行分析和讨论。

②同伴反馈。主要针对学生的一稿进行。

③师生面谈。主要对立意进行讨论、答疑和指导。

④自我评价。主要在二稿后进行。

（三）教学方案的实施

写作教学方案主要应用于英语专业 A 班，班里共 32 人，为期 14 周。

①第 1 周，主要进行教学行动研究的目标培训，为了测试学生当前的英语水平，要求学生在课堂上写出一篇英语文章。

②第 2 ～ 5 周，视为一个教学单元，主要围绕段落写作开展。

③第 6 ～ 14 周，每两周视为一个教学单元。其中，第一个教学单元主要包括范文分析、话题讨论、初稿、师生面谈；第二个教学单元主要包括同伴反馈、修改及自我评价。

以上三次作文将会用于此次教学行动研究的结果分析。

需要注意的是，在这次教学行动研究中，教师会分别在第 6 周、第 10 周以及期末这三个时间段对学生的学习状况进行详细的问卷调查。问卷调查中共设计了 30 个问题，主要包括写作困难、写作习惯和课程评价这三个方面。到了第 10 周会进行相应的测验，期末也会安排期末考试，测验结果和考试结果也都会用于此次教学行动研究的结果分析。

（四）对教学行动结果的分析

通过对以上结果进行分析后显示，此次教学行动对学生思辨能力和写作能力的提高有一定帮助。问卷调查结果显示，问题清单和思辨训练活动可以有效培养学生的思辨能力。并且，学生思辨能力提高之后，其作文质量也有了明显的提高。

此外，通过对学生的作文进行分析，可以明显地看到他们在以下几方面有了很大的进步。

1. 观点新颖、明确

在摆脱固有观念的束缚之后，学生所提出的观点变得更加新颖和合理，所提出的中心论点和分论点也更加明确。

2. 内容充实，论据充分

用于支撑中心论点的材料更加充分，甚至还能够选取不同类型的细节作为支撑材料，同时还可以按照一定的逻辑顺序对材料进行安排。

3. 篇章连贯性增强

主要表现在以下几点。

①学生在文章当中的陈述视角可以基本上保持一致。

②文章结构更加合理。

③不再拘泥于三段式。

④能够根据需要对文章的整体结构进行合理的安排。

（五）教学行动反思

通过此次教学行动，不仅使学生养成了良好的写作习惯，同时还培养了学生的思辨能力，写作能力也得到了很大的提升。

本次活动也存在着不足之处，由于对语言本身比较忽视，所以学生语言方面的能力没有得到培养和提高。

四、学生在思辨训练中提高写作能力的建议

（一）培养学生的主题句意识

提出问题是写作构思的第一步，它起到为文章的主题和论点做铺垫的作用。而一篇文章的主题就是作者的想法、主张，其本身要有可辩性。

①主题本身要有吸引力，能够引起读者精神层面上的共鸣，并进一步思考。

②文章的主题所揭露的应该是一个尚未得到有效对策的问题。

③文章的主题可以渗透在各个层面，引发读者从不同的角度思考。

例如：

可辩性：Genetically modified food leads to health problem.（转基因食品会导致健康问题。）

不可辨：Genetically modified food earns millions of dollars every year for the companies that produce them.（转基因食品每年为其公司带来数以百万美元的利润。）

第一个实例看似是描述了一个客观事实，但是主题本身有待验证，它在尝试说服读者但更多的是吸引读者去思考并允许读者对其产生怀疑。而第二句话则是一件很容易就能得到验证的事实，主题本身并不复杂，没有值得思考的价值，也就不具有可辩性。所以我们得到了一个具有可辨性的主题之后再写主题句就简单了。

The use of genetically modified food is detrimental to the health of children.（使

用转基因食品对儿童健康有害。）

这句话所描述的内容明显是尚未得到验证的，并且验证难度极大，所以这句话看似是在说一件事实，其实在表达一种观点，容易被反驳和质疑，而读者在质疑的时候必然进行了与主题有关的思考。

要让句子拓展，我们就需要在主题句中加入具有倾向性的内容，即“该如何做”，例如，“Because genetically modified food is detrimental to the health of children，their use should be banned.”（因为转基因食品对孩子的健康有害，所以应该禁止使用。）提出问题并给出解决方案，这样主题也更加鲜明。英语写作要求作者开始就亮明主题，所以在文章开始提出问题做铺垫的同时也开门见山亮出具有较高可辨性的主题句，使主题一目了然，接下来就可以对问题展开讨论并提出解决方案。

所以，写文章首先要做到的就是写出主题句，然后进一步对主题句进行扩展，加入行为导向，使主题更加明显。

（二）培养学生的读者意识

以应试教育中的作文为例，教师往往是唯一的读者，文章的好坏评判权在教师，所以如何写出让教师满意的文章是应试教育学生的首要目的。这里学生就具备了读者意识，他们的读者是教师，所以为了得高分，学生会尽可能地站在教师的角度去看待作文。英语写作与之殊途同归，作者需要对自己预期的读者有一定的了解和思考，才能够写出更具有针对性的内容来表达自己的想法，进而与读者碰撞、交流。

因此，在表达自己观点的时候，特别是寻找论据来佐证自己的想法时，写作者要注意以下几点。

①作者写作和读者阅读虽然在时间上有先后顺序，但并不妨碍双方在逻辑上的交流。

②写作者要构建与读者的共鸣点。

③引用论据时尽量选择读者易于接受的内容。

④注意文体规范、语言风格讨喜，更贴近读者。

⑤文章是作者和读者思想碰撞的领域，一千个人眼中有一千个哈姆雷特，分歧和质疑在所难免，包容和尊重在这时就显得尤为重要。

（三）培养学生论证过程中的诉诸意识

1. 人品诉诸

（1）以自身的知识储备作为所谈话题的论据

教师要引导学生积极利用网络资源和图书馆，为自己的论题和论点提供能站住脚的理论知识或者经典案例作为论据。此外，最好能够结合身边发生的社会热点事件或个人经历来进一步支撑自己的观点。

如果发现学生无法利用以上手段支持现有的话题，就需要反思话题本身是否可靠；如果话题的论证难度在可掌握的范围内，可以进一步调查资料来提取深层次的论据；如果学生能力有限，则建议重新思考主题。

（2）培养读者意识，寻找写作者和读者的共同兴趣点

如果文章本身没有说服力，那写作就失去了意义，而使文章具备一定说服力的前提就是准确把握作者挖掘主题中自己和读者双方都感兴趣的部分。

①罗列出现有话题下可能出现的不同观点。

②能否在现有话题下找到双方都比较认同的点。

③是否能将双方认同的点清晰地表达出来。

④能否发现并考虑读者可能持有的不一样的观点。

（3）体现公平的原则

在文章论述的过程中，写作者要尊重与自己相反的观点。双重标注对待或者直接无视他人观点的写作者，在读者看来不如那些平和对待不同观点的写作者具有信服力。

所以教师要培养学生在写作中对待与自己相反观点的心态，教导他们反驳相反观点的有效方式在于逻辑而非态度，而仔细考虑不同的观点和想法既有利于自己发现反方观点的逻辑错误，也能够树立自己观点的公正性。

2. 理性诉诸

（1）多利用论证手法

在围绕话题论述论点的时候，举出经典案例或者叙述事件作为论据对自己的论证有很大的好处。其中，个人的实际经历会为论证增色不少，这不但能使文章更加真实，还会拉近读者和写作者的距离，贴近生活，找到共同兴趣点，提升作者的信誉。

（2）善于引用权威理论和论证方法

旁征博引很重要，但是不能只简单地罗列权威。引经据典时需要注意内容

的针对性，通过引用权威内容来构建论点和论据之间的逻辑关系，对读者循循善诱，使其慢慢理解、认可自己的观点。

另外，论证方法也有很多，不同的话题论点，所对应的论证方式也有所差异，当然，这也和作者的写作习惯有关。这里我们以比较常见的归纳演绎法为例进行介绍。所谓归纳推理是指在一系列客观事实上通过归纳分析其中对结果产生影响的某个或多个共同点来总结出一般性原理的论证方法。假如一个人有过多次接触花粉皮肤红肿的经历，那么可以归纳总结出他对花粉过敏的结论。这个结论并非绝对正确，但有很大的可能性。

而演绎推理则是假设在一个理论成立的情况下，将这个假设理论依附到具体的案例上以验证理论的正确性，而这里假设出的理论往往都是通过归纳法分析得出的。

3. 情感诉诸

善于使用具体细节和修辞手法可以在情感上打动读者，生动的细节描写可以让人感同身受，从而产生情感上的共鸣。比如一名同学想要提倡同学们不要在校园的公共场所吸烟，这位同学就必须要通过一些手段获取大量事实和数据向同学们阐述公共场合吸烟这一行为的危害。最好的方式就是可以真正采访或询问到一名患有慢性咽炎的同学或教师，对他们在烟雾缭绕的教学楼里上课的经历进行深入了解，再在自己的文章当中采用生动的细节描写将其描述出来，只有这样才能更好地打动读者。

此外，要想使读者完全理解作者想要表达的概念，也可以多采用一些隐喻、明喻以及类比等修辞手法。

（四）培养学生的反思意识

只有不断反思才能取得更大进步，所以，要想使学生们养成修改、校订作文，并能及时对写作经验进行总结的好习惯，就应该首先培养学生良好的反思习惯。良好反思习惯的培养可以从以下几方面进行。

①在对文章进行修改的过程中，要带着写作初始的目标和文首提出的问题来重读。

②对文章的立场进行重新审视。确保主题句清晰易懂，再紧密围绕主题句来展开文章内容。

③对文章的结构进行分析。检查每个段落的要点是否呼应主题，避免出现突兀或容易混淆的观念。

④向教师和同学寻求反馈。

第六章　网络环境下英语写作资源的运用

人们开始进行新的英语教学与学习的机会，得益于网络时代的飞速发展以及现代科技的不断进步，促使了更多高校将现代化的教学技术引入英语课堂，使英语教学显现出良好的发展趋势。

第一节　网络环境下英语写作教学的优势

一、英语传统教学中存在的写作教学的问题

（一）以教师为中心

有写作课程的大学英语课堂一般只在精读课上出现。因为精读课的课时数受到限制，所以教师单是在讲解课文和课后练习时就花费了很多时间，甚至只留下了非常少的时间让学生写作。因此，在课堂时间有限的情况下，传统“以教师为中心”的写作模式仍然会被大部分教师所采用。通常教师会先将写作技巧在课堂上教授给学生，接着将教材上的范例进行分析，之后让学生按照其指定的题目自主练习，最后就是针对批改学生的作业情况进行点评。一般来说，学生写作的内容都不会是自己身边发生过的真实事件，因此只能对范文进行模仿，从而容易缺乏自我的创造能力，缺少想象的空间，难以增强其写作技巧和能力。

（二）重结果而不重过程

对于写作过程曾有过类似这样一段阐述：写作是一段认知的过程，其中充满着复杂性，在写作过程中需要很长的时间来不断消耗智力。英语写作教学中往往会受到词数的限制和提纲的约束，因而在写作时会由于想象空间不够而没办法详细、具体地表明自己的想法与观点；学生完成写作的过程中也极少去翻

阅书籍和查阅资料，有时连字典都不碰，写完就觉得大功告成，不再进行修改和推敲；还有学生只在意教师批改后的作文分数，却忽略了批改内容，导致在下次写作时犯同样的错误。

（三）缺乏个性与创造力

学生通常都是按照教师指导、书本范围，以及考试要求来进行写作的。要求是什么，写作的内容就要围绕什么来写，并且在写作时不能出现内容不具体、结构不完整的情况，要能感染和打动别人，因此教师为了学生考试顺利，会想尽办法传授给其所谓作文的秘技。在这个过程中，学生会失去自由想象的空间，完全被动地接受，致使学生有很多想表达的话不能写，想写的主题也被否定。学生在写作中都无法发挥其个性，更不要提创造了。与此同时，学生被要求写作的格式过于刻板，内容也相对单调，并且还要求文学化和成人化，导致学生失去写作的兴趣。

（四）学生得不到作文批改的及时反馈

如今英语教学的普遍趋势依然是大班授课，所以每位教师都面临着相同的难题，那就是批改作文。由于教师要备课，且还有其他的教学任务，可能不会及时地进行批改和信息反馈。一般常用的做法是将已经交上作业批改一半，批改内容也仅是指出哪里的语法不正确和用词不恰当等，几乎没有内容上的建议。并且整个学期中练习的作文量很少，导致写作训练的时间严重不足。另外，学生得到教师的反馈不足也会使学生渐渐失去对写作的兴趣，难以提高其英语写作水平。

二、网络多媒体英语写作教学的理论依据

（一）建构主义学习理论

建构主义的学习理论是网络多媒体中，英语写作教学的理论基础。它的核心特征和基本内容可以概括为：个体的学习过程和认知发展间的关系非常紧密，对知识的学习是需要他人在一定情境下对学习者予以帮助的，并且通过意义建构的方式，对学习资料加以利用来获得，在不忽视教师指导作用的情况下以学生为中心。学生者为了发展自身的认知结构，开始与外部环境相互作用，并逐步建立起外部世界的新知识。还要在英语写作教学的过程中和多媒体的网络教学环境下，建立最能接近真实情境的学习环境，使学生积极参与到交互式的学习之中。通过这一系列过程，学生能够对英语写作课程的理解与知识的意义、

应用进行建构。

（二）人本主义的教学思想

学习者的心理情境和主体因素，对认知和情感等在内的人本教育和对学生个人情感和需要的尊重，是人本主义教学思想中所重点强调的。在英语写作教学中运用网络技术与多媒体技术，能够使情感和认知得到高度统一，也为人本主义学习的发展提供了很大的空间。教师在教学中既要对学生情绪有积极的调动作用，也要对学生的情感需求有充分的理解和尊重。只有这样，学生才能热情、主动且积极地参与到学习中去，掌握学习的方法。

（三）交互学习理论

进行交互的前提是要有真实的对象，且能够影响语言学习的效率。通过这样的解释，我们可以将网络多媒体技术的交互性加以利用，再对不同的学习活动和学习任务进行有目的的设计，这样就能让学生通过各种形式进行语言的运用和交流，一般形式有生生互动、师生互动和人机互动等。这也为学生观察和模仿真实语言的运用提供了机会。

三、网络环境下英语写作教学的现状

通常情况下，学生都可以通过英语写作来反映其对学习过的英语知识运用技巧的掌握程度。英语写作也是测试思想交流能力的重要手段。在测试的角度上来说，考查学生使用英语语言知识的综合能力是英语写作的优势所在。现今，英语教学和学习的新契机是源于教学网络的飞速发展与现代教育技术的不断改革、更新，同时可以将传统英语在写作教学中的不足加以改进和弥补。建立校园网络的优势，是让教师与学生不管在课前还是课后，都有了面对面交流的机会。学生向教师提问不仅局限于口头上，还可以通过 E-mail 的方式沟通，教师则会在接收问题后，有针对性地进行回答。这种做法不仅帮助学生避免了害羞情绪，对不懂不明白的问题勇敢提出来，还能进一步促进学生的学习成绩和学习兴趣的提高。并且，学生想要的资料基本都可以在网络上找到，能够利用网络支持学习者的探究式学习。

四、网络环境下英语写作教学的主要形式

（一）电子邮件

人们在通过书面交际活动进行情感交流时，最为基本的形式就是书信。人

本主义心理学理论和交际理论，就是用电子邮件进行写作练习的理论基础。而通过 E-mail 这种既可以一对一，也可以一对多的沟通方式，极大方便了教师和学生之间的及时交互，且提供语言学习的真实对象是其最主要的作用。写作课教学通过电子邮件进行辅助的形式分为以下两点。

1. 邮件组

教师要编制一个电子邮件组，组内人员是所教授的班上学生，当师生当中的任何一个人想发信给其他所有人时，这一邮件群组即为收件人，有可联网的固定电脑的师生均可以在本机建立这样一个邮件组。教师可以提供给所有学生一些可借鉴的，类似电脑辅助写作常识的教学网页和优秀的范文，方便学生的学习和前期模仿；还可以提前告诉学生下次写作课程所要教授的教学内容，让其做好准备工作。学生可以利用邮件的方式联系其他同学或教师进行交流，还可以通过小组、个人形式讨论教师布置的作业。

2. 电子笔友通讯

教师可以组织学生通过合作的方式开展电子笔友的活动，将参与者按照英语水平和兴趣爱好等进行分类配对，或者让他们自己选择。在活动初期，教师可以对参与者进行网络礼仪的指导，规定好每队在一个月之中所讨论的话题和交流信件的次数，同时还可让学生在发送邮件时多发送一份给教师，以便在问题的初期就及时制止，并对其改正。为了避免长期都是笔友的两人觉得单调，教师还可采取交换信件的方式，让同班、同年级或同组的学生进行交流讨论，及时找出问题并予以解决。学生还可以在教师的鼓励下主动选择去认识英语国家的学生，并与其相互成为国际笔友，通过电子邮件进行交流。在这一过程中学生可以逐渐了解对方国家的文化，学习何为地道的语言交流方式，从而能亲身体会到英语带给他们的乐趣，提高自身写作水平。

（二）网上写作中心

网上写作中心也被人称为网上实验室。利用该中心，学生可对书面语的规范进行学习与练习，以防止出现在用电子邮件写作时表达方式过于随意和口语特征明显等问题。教师则可以将这些情况作为基础，开展系统的网络英语写作授课。

1. 自建网上写作中心

学校在有条件的情况下可以将自己的写作中心建立在校园网上。教师在授课之前就应提前将各环节的教学都设计好，并把握教学目标，整理、筛查和提炼需要的教学信息，最后制作成课件在教学中使用，这样可以使教学内容更加灵活生动。网上的写作中心主要包括的内容应该有教学大纲和实施方案、教学的课件和指导书、教材的课件、测试题及答案、作业的内容及要求、其他写作辅导和其他写作资源链接等。

2. 利用国外的网上写作中心

因特网的出现使人们实现了资源共享，并且打破了时空的限制，对英语教学资源进行了全面补充。因特网被引入英语教学中后，学生会进行相关信息的检索并进行分析，加上自我的认知见解完成英文写作。如今，因特网上已经有了数百个网上写作中心，通过搜索引擎就可以获取相关的链接。

五、网络环境下英语写作教学的优势

（一）网络教育资源丰富

在英语写作教学中，网络教育资源的作用越来越明显，也渐渐受到了越来越多的学生与教师的密切关注。不管是在国内公用网、校园网或是因特网上，都有各种主页和网站是与英语写作相关的。在以网络模式为主的形式下，类似像写作专题讲座、写作理论、语料库资源、学生相互反馈或是教师反馈等，都能在这一平台上实现师生共享，从而更有助于师生之间的合作。与此同时，教师还可以引导学生对其想获得的信息上网进行查阅和检索，在形成自我认知后再通过网络上的英语资源进行英语写作，也有助于学生英语写作水平的提高。

（二）网络创造良好真实的写作环境

网络技术为学生进行英语写作提供了语言学习必需的、实时或非实时的互动交流平台，也为其建立了真实良好的写作环境，即创建了情境相对宽松的交际气氛。网络平台为学生的互动合作提供了非常大的便利，也提高了其写作的创造性和欲望，写作技巧也有所提高。同时在其他方面也有很大的潜力，如综合交际能力的提升、促进习作和在网络环境下激励求知等。

（三）提高学生的学习兴趣

教科书的使用对传统写作来说有重要作用，教师通过讲解教科书中提供的作文信息和写作技巧，会发现很多有关实践困难、理论太过枯燥和时效差等问题，都会使学生对作文课提不起多大兴趣。但这些情况在网络环境中，是能够得到很大改善的，教学的素材经过了纸面素材到网络信息的过程，使得大学英语写作的教学与训练，在网络多媒体拥有的功能中逐渐变得直观起来，同时还提高了英语写作课的效率与容量。教师可以通过现代教育技术的发展，使用在线信息，围绕教学内容，运用各种角度将其融合，如文字、语言和图像等，再进行语言知识的输入。这种多维立体的信息图文并茂且生动形象，能够对信息进行强化刺激，加强了信息的输入量，可以更好地促进学生学习，极大提高教学的效率。

（四）有利于学生学习资源的获取

传输信息的主要载体就是网络，而网络也称得上是一个大资源库。学生在网络环境下，可以将所需资料通过搜索引擎进行查询，以便完成基于问题的协作知识建构。网络技术是在不断发展完善的，这也使得网络信息有着越来越厉害的交互功能，学习者不仅可以获得网络上的学习资源，并且这些资源的表现形式也逐渐生动起来，使学生在成功获取信息后，不仅学习的兴趣得到提高，还能更牢固地掌握知识。

（五）能为学生创设逼真的问题情境

教师在课堂教学中，通常都是通过语言描述来设置问题情境的，语言实在过于抽象，因而大部分学生都难以提起兴致。设立在网络环境下基于问题的协作知识建构的优势在于，信息技术能够被我们充分利用，在呈现问题上也可以通过更多方式实现，如文本和多媒体等，将一个趋近真实生活的问题情境建立起来，引导学生在认识问题时要多角度、多方面和多渠道地进行，并提升其兴趣，以及为了以后在学习和探究过程中，对所要解决的问题有更深层次的理解。

（六）为学生创造了开放式学习环境

学生在研究性学习时可以借助网络更快地进行，且还可以加强其独立解决问题的能力和自学能力，有助于思路的扩展和创作灵感的激发。在网络环境下学习写作，可以使教学从以教为中心逐渐转变为以学为中心，目的在于强调学生学习的自主性。构建这样一种符合教学内容的情境，也有利于建立一种良好的学习环境。教师要明白，在这一过程中自己不是主体，是作为一个组织者、指导者、激励者和评估者存在的，并在网络的记录之下对学生的学习状况进行基本了解。而学生则在学习时能有自主的选择，找寻自身所需的材料，在任何地点和时间上都可以进行计划安排、自我测试和监察等。

（七）有助于建构群体互动观

教师与学生、学生与学生之间的交流对话、互动、接触等活动的开展，是网络课堂协作知识建构中群体互动的结果，也是网络课堂教学主体之间矛盾对立的统一。网络课堂中，教学内外部因素之间的相互作用，即矛盾运动中引发的矛盾会由此进行个体和群体动力的转变，且形成了协作知识建构的智慧产品与发展。

（八）帮助学生构建终身教育体系

网络可以帮助人们更新已有知识、获取信息并且可以促进人与人之间的相互交流，是一种最现代化的手段，它也为教学的发展提供了很大空间。学生在提高其英语水平之后，在网上进行浏览的速度有了明显的提高，在获取信息时也更加及时，在遇到各种问题时都可以借助网络的交际功能得到解答。素质教育的发展离不开终身教育，情感因素在语言学习过程中被激发，学习效率也极大地提高。学生学习的主动性和学习兴趣能够被网络英语的写作教学激发出来，同时也提高了学生的自信心和社会意识，让其充分结合起情感和认知，为个性提供展现特点的场所，有利于发展素质教育。

第二节　网络阅读资源的运用

一、我国网络阅读需求分析

网络普及为学生的网上阅读带来了极大方便。阅读是学生学习语言的重要方法之一。引导学生学会应用网络资源进行阅读，加强对学生网络阅读的指导，对于充分利用网络资源，充分发挥网络资源的独特优势，全面提高学生的阅读能力和欣赏能力，具有积极意义。特别是在信息化日益发展的背景下，更应引起人们的重视。

（一）网络阅读的兴起

我国网民数量不断增加的原因是信息技术的普及与发展完善。在家庭和工作单位都接通网络之后，大部分人必然会逐渐远离传统的纸质阅读，而利用网络进行网上阅读，这也成了今后人们阅读的主要形式。在这之中所说的网络阅读是一种超文本的阅读行为，其阅读对象是指计算机及附属设备负载的数字化信息，并让人们借助网络技术和多媒体计算机，通过人机的互动获取有文本的多媒体合成信息。网络阅读分为广义和狭义，广义上是指其终端阅读设备是手机或手持阅读器；而狭义上的终端阅读器是只支持计算机的显示器。

（二）网络阅读资源的需求

尽管网络阅读资源建设的研究成果并不明显，但大部分人都是对网络阅读资源有着很高的要求和期待的，其要求也就是要保障有效的网络阅读。人们对网络阅读资源的要求可以用24个字来概括，即来得快、述精准、便理解、提兴趣、助记忆、增能力、利健康和减迷茫。

①来得快：就是所需信息可以快速获得。要做到这一点需要网络具有足够的带宽，同时在资源建设方面也要进行“减肥瘦身”，也就是应特别注意图像视频和文件格式等的选择。我国的网络带宽虽然有着较快的发展进程，但互联网方面仍然有速率过低的问题发生，离达到宽带的标准速度还有一段路要走。

②述精准：网络上的内容信息没有任何科学性错误，为确保其准确性，要使用精练的语言和方式，多余的信息尽量不要出现。

③便理解：在表述信息的内容上要用恰当的方式和语言，选择更适合的媒体，注意深入浅出。

④利健康：是指要让人们有好的心境进行学习。

⑤减迷茫：出现的网络页面要保证脉络清晰，有合适的链接和合理的导航界面，并且能做到跳转自如。

近些年来，教学网络资源建设一直秉持学习有效性的观念，其总结出的评价标准与评估指标体系都有与其相对应的专题网站和网络课程等。经过了仔细的分析与研究，一般网络阅读的要求可以由专题网站的评价标准和评估指标体系构成。经常被人们在教育界使用的专题学习网站的评价指标体系有 4 项机构指标，分别为功能、内容、性能与界面。

功能这一结构指标中包含了 6 个单项指标，具体表现在以下方面。

①学习支持：支持在线的学习活动、多种学习与教学策略，对学习和实践的工具应及时予以提供，并要将学习的过程和结果进行记录。

②协作支持：将交流协商的工具提供给师生或生生，使其可以随时展开在线协商讨论和答疑指导等活动。

③检索功能：提供检索工具，支持多种检索方式。

④评价支持：支持自我评价、教师评价、同伴评价、过程评价和作品评价等多种评价方式，并对评级结果进行及时反馈。

⑤导航功能：支持并提供如网站地图和导航文字等工具。

⑥帮助功能：支持在线帮助，可提供网站使用与知识学习的相关有帮助的信息。

内容这一指标功能同样具有 6 种单项指标，具体表现为以下特性。

①科学性：相关知识内容的科学性，能对专业术语进行准确引用，且在提供资料中没有错别字的出现。

②教育性：时刻遵循课程标准和教育方针的要求，能够体现出先进的教育理念和教改精神。

③专题性：有鲜明的主题引导，清晰合理的专题知识结构，其知识与内容也要保持系统性、逻辑性和可扩展性，表现出加工整合后的效果。

④丰富性：顾名思义，要具有形式多样的学习资源，还要有与之相关的扩展资源和专题知识。

⑤原创性：多数学习资源具有原创性，转载资源时具有版权信息。

⑥针对性：学习目标一定要明确，针对特定的学习对象进行知识的传授，注意适当的广度和深度。

性能这一结构指标则分为 4 个单项指标，分别体现为以下内容。

①共享性：是正式的网址，进行访问要使用互联网。

②规范性：应与国家教育资源建设的有关标准相符合。

③稳定性：具有可靠的资源和稳定的网站运行，有良好的响应速度。

④兼容性：可做到跨平台使用资源，运行程序使用的插件也应进行提供。

界面的结构指标中含有 3 个单项指标，分别体现为以下内容。

①界面风格：界面的整体设计要美观，风格也应统一，做到适合人们平时的阅读习惯，操作简单方便。

②媒体设计：各类媒体信息，如图片、文字、音频与视频等要合理地进行搭配，保证运用恰当，便于理解和突出主题。

③链接设计：链接的层级要主次分明，确保没有死链接的存在，跳转要准确。

二、网络阅读资源的利用

能够承载海量信息是网络的优势之一，也是网络技术受到大学英语写作教学喜爱的理由之一。要使原始信息较为高效地对写作产生有益作用，还有许多工作要做。

（一）软件平台系统设计

大部分写作软件最离不开的部分就是写作素材库，其基本内容就是文字资料的汇编和积累。伴随网络技术的发展，英语写作软件中的写作素材更为丰富多彩，同时，也越来越追求开放化、个性化的特色。教师和学生均可以以互联网为支撑，到更大的信息源中获取有效信息，并添加入库。

（二）相关网站导航

在写作平台和软件所提供的素材库中，最为显著的特点就是全面且系统，但对比海量的网络资源还是显得有些呆板和滞后。例如，从某个角度出发，在庞杂的信息世界选择需要的资源。多媒体网络作为庞大的资料库几乎人们日常需要的资料都可以在里面找到，其中包含着很多大学英语的写作教学资源，一部分网站会提供参考范文，以及相关的英语写作课程与技巧；而另一部分网站则会为学生专门设置一些文章的发表专栏，用于激发和鼓励学生热情。多媒体软件有贮存量大的优点，因此可以将大量的范文进行分类收录，且能将文章的内容生动展现给学习者，并按照其需求提供相关基础知识和背景材料。

在基于网络的英语写作过程中，网络最重要的作用之一在于为学生提供完成英语写作任务所需要的背景资料。网络为我们提供了大量的可作为写作参考用的关于环境、经济、文学、政治、时事等方面的信息。学生可以根据写作任务要求在相应的网址上查寻相关的学习资料。对于非英语专业的学生来说，网络上的阅读材料很简单、写作风格很直接。网络作为广告和娱乐的平台，给学生提供了非常真实、实用的英语文本。另外，通过网络版的报纸、杂志、学术期刊，学生能够学习到原汁原味的英语。

（三）上传、下载写作素材

网络学习资源的另外一个重要板块是教师根据教学目标为学生设置的更具有针对性的学习资源库。教师可以运用该网站提供的模块，自己设计符合学生身心特点的任务。例如：写作课程教学计划和考核要求；学生英语优秀作文作品集；英语名篇阅读欣赏（根据学生的学习层次，把作品按照难易程度分类，同时对需要精读的篇目做出明确的要求）；英语写作理论指导；英美文化介绍；写作问题探讨等。由教师和学生共建的，内容丰富、难度适宜、分层次、分等级的，充分体现地方性、特色性、针对性、实用性的写作学习资源库更具有指导性。例如，广东外语外贸大学创办了以英语“写长法”为特色的英语学习网站，通过改造来实现书、网合一，动态增添新的写作任务、新的学生佳作、新的点评和随笔，相比于网站导航、平台设计和写作软件，其在针对性和系统性方面虽有不足之处，但它具有更新快、应用广的特征。教师可以随机上传、添加写作素材，供学生阅读。由此可以将学生的阅读范围扩大，这种方式也将默默影响着写作内容和写作活动。广义上原始的写作内容是写作素材库承载的意义，而希望学生的写作内容能丰富和深刻则是建立写作素材库的目的。它对汉语环境下学习英语写作的学生突破外语能力发展的瓶颈具有重要的指导作用。

三、网络阅读资源的优越性

全面和快速的信息采集是信息社会中最明显的标志。人们通过网络可以对这些信息资源进行传递、存贮、加工并利用，且大部分丰富独特的资源都是建立在英语语言平台上的，即有着大量英语资料时存在于网络空间之中的，这是任何一座图书馆都无法与其相提并论的。网络环境下的英语阅读教学的特点主要体现在以下几点。

（一）广泛性

广泛性是指这些资源内容全面，并且形式也是多种多样的。其内容包含了很多方面的知识，有体育、文化、娱乐、科技和环保等；其形式也包括很多种，有杂志、报纸和原版读物等。在上述这些内容中均包含了学生关注的各种类型与话题，在各个方面都能吸引学生的兴趣。

（二）即时性

即时性就是指其更新方便且有鲜活的材料。受客观条件的限制，很多教材中的阅读材料已经非常过时了，但刚好网络上经常会更新动态数据，能将最新的数据展示在学生面前。

（三）共享性

大中型的网站都会有搜索引擎的存在，使学生在检索时能够方便快速地找到需要的资料。搜索引擎的快捷极大方便了教师的选材，教师需要做的就是将主题和材料的类别进行确定，这样就可以直接找到需要的材料了。之后再将这些材料进行整合，建立一个材料组，即可以实现区域性的资料共享。

四、网络资源评价

面对日益丰富的网络资源，教师在向学生推荐前，需要确保其准确性、权威性，认真做好网络学习的导航工作。教师需要引导学生对所查资料的内容、出处的权威性进行评价，对写作中所引用的内容标注。在参考文献中，我们需要记录下网页和出版日期。对网络资源的评价，我们可以从以下几方面进行。

①出版者。一般情况下，大学、专业机构网站提供的资源比商业机构的更权威。

②作者。在页面的底部，我们通常可以找到作者电子信箱地址、资源的提供者或者责任人。

③个人网页。通过搜索引擎查询由知名学者设置的个人网页，这是查找最新出版物的一种有效方式。

④权威性和可靠性。作者是否可靠，曾经发表过哪些作品，属于什么组织。对这一类问题的思考，有助于我们判断所查的网络资源是否可靠。

⑤目的。网页设置的目的是什么。

⑥日期。网页是否是新的，对那些长期未经更新的网站资源要谨慎使用。

第三节　网络资源的引用

一、网络资源库的构建

阅读教学网络化的目的并不是让学生在网上随意浏览。阅读教学的前提首先就是建立一个适合大学生的网络阅读资料库。其要既能连接教师用机（服务站），也能连接校园网内一定量的学生机（工作站），这是阅读资源库应该具有的物质准备。教师则可以通过下载网页、搜索和制作链接，在短时间内快速做出一个双层的网站。主要过程有以下几方面内容。

（一）确定主题

阅读教学选择的材料应该与教材的内容密切相关。现行的大学英语阅读教材的主题分布基本照顾了学生的知识结构，如风俗传统、历史资料、人物传记、文化体育和文学原著等，教师可以在确立阅读主题时结合学习的内容，并按照进度进行。

（二）搜索与下载

主体的范围如果很窄就可以选择使用大型的搜索引擎，而主体要是相对宽泛就直接选择分类网站查询即可。这样的方式也在一定程度上避免了二次选择。

（三）对材料进行整组

网络材料的内容并不全都是适合大学生阅读的，其难易程度也很难掌控。教师在网上找好材料之后应当先做一遍筛查，要以多样性、科学性和趣味性为主，再将选出的文章和网页等按照设计意图进行加工，之后再按这些材料的个体特征把位置、篇幅、链接次序等都确定下来。同一主题或相关主题的网页在经过重新整组后可建立材料组，也就是一个子网站形式。常用的材料排序是按照 pre-reading（背景资料）、while-reading（辅助性阅读）、post-reading（拓展性阅读）进行的。材料在进行科学的组合之后，能够使学生对教材有更深层次的理解，也为其补充了其他文化知识等，还能使其主动地去阅读，加强阅读水平。

二、引用网络资源

在写作中，当我们引用某一网站的资源时，必须按照规范要求进行标注，因为引用而不标注的行为通常被认为是剽窃。

一定要记住所查阅网络资源的网页和时间。与正式出版作品不一样，如果网址变换、连接破坏，资源可能从网址移出。你只有给出确定的时间，读者才能知道你是从何处引用的资源。读者可以回到机构或者组织的主页查找作者的名字，就可以找到你最原始的参考。因此在你完成任务之前，最好看一下网页和时间。在教学过程中，我们要加强各类信息资源库的建设，实现资源共享。并且，教师要能够将这些共享的教育资源进行各种形式的加工，灵活运用于课堂教学活动中。

三、网络资源的内容引用规范

（一）引用规范

如今，作为引文可以使用哪种资源的问题讨论依然存在。有的学者认为学术研究中使用网络资源这一做法依然有待考证，应该始终保持谨慎的态度对待。对于可信度不高和有待证实的问题，是绝对不能轻易引用的。这些内容的出处一般包括网页、网站、新闻组和 BBS 讨论区等；而对于现存的已正式认定的出版物是可以充分进行利用的。还有其他的学者认为已经公开发布过的网络参考文献一定是正式的，没有经过正式发表的则不能算作网络参考文献。其中，正式发表的意思是作品一定要经过严格的把关。但也有人对此进行了反驳，认为网络上进行正式发表的滞留时间过长，在学术交流方面将会受到影响；并且一旦参考了还未正式发表的研究成果，也无法进行标注，则会被认为引用者被迫“剽窃”了他人的学术成果。

1997 年，国际化标准组织（ISO）出台了有关电子参考文献的标准，即“信息与文档—参考文献—第 2 部分：电子文献及其相关部分”。其中，认为可以用作引文来源的有电子连续出版物、电子专著、计算机程序、数据库、电子讨论区以及电子讯息等；而美国心理协会（APA）的出版手册中，将可引用的网络资源分为在线期刊媒体文章、基于印刷媒体的网站文章、网上文件、新闻和其他电子媒体资源等。

从上述就可看出，一些发达国家关于还没有正式出版过的网络文献就不能被引用这一情况并没有做规定性说明。也就是说，除非作者已经特别标明和强调了不得引用或需要得到许可才能引用之外，即将出版或者非正式出版的著作或论文，是可以引用的。

我国如今对引用和著录网络资源方面仍然存在着诸多问题，这些国外的做法我们还不能完全参照引用，但在限制网络引文作为内容这一点上是必要的，因此我们应该在制定引用引文原则时，努力引导学者对可靠并准确的网络资源进行引用，并且可以采用些灵活的手段，如著名文献来源等，说明和补充不能作为引文的网络资源。

（二）引用的基本原则

1. 实事求是原则

如果他人在网络上发表过的文献被参考和引用了，那么作者应该在论著中注明事实。既不能采取不著录和少著录的方式，也不能为了凑全参考文献而著录些从未阅读的文献，不然就会造成严重后果，如会导致网络引文的分析失真、使网络引文的可查性降低和造成网络著作权侵权等问题。

2. 密切相关原则

网络文献中并不是所有被阅读过的都能被引用。不应该被作引文列出的应该是网络文献并不可靠、资料中没有实质性内容和与论著主体无关等情形。可以被引用的是对论著能起到参考作用的、拥有自身独特见解且有事实依据的资料。

3. 权威性原则

网络资源中的资料基本分为两种，一种是已经评审过或已正式发表和出版的文献，另一种则是还没有被专家进行严格评审的资料。面对这一系列情况，作者应尽量选择引用有权威的学术机构、编者的，有一定价值意义的网络资源。当无对应印刷版的网络文献被引用时，应该评估其质量，因为一旦不经考证和选择，就会出现失误。与此同时还要注意，很多网络资源都是非正式的，且很多如BBS、个人主页等非正式渠道已经成了同行间交流学术成果与见解的重要途径，并且这些信息有很大的可能会被研究者借鉴，将其放在自己的研究成果之中。

作者在引用的内容上，应该选取信誉好、质量高且稳定性强的网络资源。对于非正式资源的引用，应该提倡文献注，而不是注明在文后的参考文献形式，这样也会更加灵活方便。

（三）引用的现有规则

从近两年的网络引文在学术期刊中的著录情况看，很多著录的格式还是很混乱，无论是著录的位置和方式、网址的表达方式，还是标点符号的使用等形式可以说多种多样。但实际上，国内和国际等相关部门在引文著录方面都有过较为详细的规定。

1. 中国学术期刊（光盘版）检索与评价规范

在网上资料迅猛发展的情况下，国际化标准组织在1997年已经颁布了有关规定，即在电子文献中有关各种类型引文的著录规则。而在国内，1999年经新闻出版署审议通过的《中国学术期刊（光盘版）检索与评价规范》是第一个涉及网络引文著录规范的文件。

这一初步规范的产生意味着，我国在规范网络引文著录格式上迈出了重要一步。但因为这项规定在电子文献的著录方面只存在一种格式，且相对简陋，因此对网络资源的众多类型还无法全面覆盖，同时也没有将各著录项目都予以说明，无法引起宣传和重视，所以直至今日，网络引文的著录方面的问题也没有得以完善。

2. 文后参考文献著录规则

《文后参考文献著录规则（GB7714—87）》（后简称《规则》）这一国家标准是在1988年颁布实施的，这也是在国内首次提出的，被大家公认的著录项目和统一著录格式，指导并推动了我国参考文献著录的标准化形式。但随着社会的不断进步和时间的推移，很多问题出现在了标准本身，如著录各类文献的适应性，以及应该进行适时修订等问题，致使应尽快对这一标准进行完善。但幸好，在多年的正名和探讨之后，网络引文著录规范在学术界已经达成一定共识。

在经过了广泛征求意见和调查研究的基础上，图书情报界的几位专家组成了修订小组，在 2002 年时形成新的《规则》报批稿，并于 2005 年实施。2005 版的《规则》在很多方面都有了相当的改进，如在著录格式的确定方面、著录项目的设置上以及参考文献的著录、文献表的组织等，都同国际标准保持基本一致，目的是能够实现文献信息资源的共享。

参考文献

[1] 王志敏．外语学习动机激发策略的理论与实证研究 [M]．北京：光明日报出版社，2015.
[2] 徐昉．英语写作教学与研究 [M]．北京：外语教学与研究出版社，2012.
[3] 韩景峰，任志丽．英语范文与英语写作思辨能力的相关性分析 [J]．忻州师范学院学报，2018，34（03）：71-74.
[4] 李向清．大数据背景下如何改进高校英语写作教学浅析 [J]．读与写（教育教学刊），2018，15（03）：5.
[5] 张媛馨．产出导向法指导下的英语写作教学 [J]．黑龙江生态工程职业学院学报，2018，31（02）：150-151.
[6] 杨燕飞．产出导向法在大学英语写作教学中的应用 [J]．南通航运职业技术学院学报，2018，17（01）：93-97.
[7] 赵淑元．新形势下大学英语写作教学策略的实证研究 [J]．海外英语，2018（07）：117-118.
[8] 刁嘉雯. 高职英语课堂写作有效策略 [J]. 宿州教育学院学报，2018，21（02）：148-149.
[9] 尹佳．大数据时代大学英语写作教学的改革对策 [J]．黑龙江科学，2018，9（11）：132-133.
[10] 徐育新．基于修辞学的大学英语写作教学分析 [J]．高教学刊，2018（11）：115-117.
[11] 苏怡．英语写作教学中思辨能力的培养 [J]．英语广场，2018（06）：83-84.
[12] 赵科研．英语写作教学中的“过程写作教学法”再研究 [J]．读与写（教育教学刊），2018，15（06）：9.

[13] 王冰霜．交互式英语写作教学应用探索 [J]．湖南大众传媒职业技术学院学报，2018，18（02）：113-116.
[14] 林娟．多媒体环境下图式理论英语写作的教学策略 [J]．桂林师范高等专科学校学报，2018，32（04）：100-103.
[15] 王红．建构主义在大学英语写作教学中的应用 [J]．牡丹江教育学院学报，2018（08）：48-49.
[16] 周岳荣．大数据背景下高中英语写作教学改革研究 [J]．中国新通信，2018，20（18）：211.
[17] 王兴华，余涛，于洋．大数据时代批改网大学英语写作教学实证探究 [J]．文化创新比较研究，2018，2（27）：127.